www.ingramcontent.com/pod-product-compliance
Lightning Source LLC
LaVergne TN
LVHW050802051026
849532LV00008B/2945
* 9 7 8 9 3 6 9 0 8 5 4 9 1 *

افکارِ ملّی: حصہ - ۲

(مضامین)

(مجلہ 'صدائے شبلی' [حیدرآباد] کے شماروں سے منتخب شدہ مضامین)

مرتب:

ڈاکٹر محامد ہلال اعظمی

Afkaar-e-Milli - Part:2 *(Essays)*
by: Dr Muhamid Hilal Azmi
Edition: October '2025
Publisher :
Taemeer Publications LLC (Michigan, USA / Hyderabad, India)

ISBN 978-93-6908-549-1

کتاب	:	**افکارِ ملّی: حصہ - ۲** (مضامین)
مرتب	:	**ڈاکٹر محامد ہلال اعظمی**
صنف	:	مذہب
ناشر	:	تعمیر پبلی کیشنز (حیدرآباد، انڈیا)
سالِ اشاعت	:	۲۰۲۵ء
صفحات	:	۷۲
سرورق ڈیزائن	:	تعمیر ویب ڈیزائن

فہرست

اخلاقِ نبوی صلی اللہ علیہ وسلم

علامہ شبلی نعمانیؒ

ایک صحابی کا بیان ہے کہ بچپن میں انصار کے نخلستان میں چلا جاتا اور ڈھیلوں سے مار کر کھجوریں گراتا، لوگ مجھ کو خدمت اقدس میں لے گئے، آپؐ نے پوچھا ڈھیلے کیوں چلاتے ہو؟ میں نے کہا کھجوروں کے لیے، ارشاد فرمایا کہ زمین پر ٹپکی ہوئی کھجوریں کھالیا کرو، ڈھیلے نہ مارو، یہ کہہ کر میرے سر پر ہاتھ پھیرا اور دعا دی۔

عباد بن شرحبیل مدینہ میں ایک صاحب تھے، ایک دفعہ قحط پڑا اور بھوک کی حالت میں ایک باغ میں گھس گئے اور خوشے توڑ کر کچھ کھائے، کچھ دامن میں رکھ لیے، باغ کے مالک کو معلوم ہوا، تو اس نے آکر ان کو مارا اور کپڑے اتروا لیے، یہ آنحضرت ﷺ کے پاس شکایت لے کر آئے، مدعا علیہ بھی ساتھ تھا، آپؐ نے اس کی طرف مخاطب ہو کر فرمایا، کہ یہ جاہل تھا، اس کو تعلیم دینا تھا، یہ بھوکا تھا، اس کو کھانا کھلانا تھا، یہ کہہ کر کپڑا واپس دلوائے اور ساٹھ صاع غلہ اپنے پاس سے عنایت فرمایا۔

یہودیوں کا دستور تھا کہ عورتوں کو جب ایام آتے تو ان کو گھروں سے نکال دیتے اور ان کے ساتھ کھانا پینا چھوڑ دیتے، آنحضرت ﷺ جب مدینہ میں تشریف لائے تو انصار نے آپؐ سے اس کے متعلق سوال کیا، اس پر آیت اتری کہ اس حالت میں مقاربت ناجائز ہے، اس بنا پر آپؐ نے حکم دیا کہ مقاربت کے سوا کوئی چیز منع نہیں، یہودیوں نے آپ کا حکم سنا تو بولے کہ یہ شخص بات بات میں ہماری مخالفت کرتا ہے، دو صحابی آپ کی خدمت میں آئے کہ یہود جب یہ کہتے ہیں تو ہم مقاربت بھی کیوں نہ کریں، رخسارۂ مبارک غصہ سے سرخ ہوگیا، دونوں صاحب چلے گئے، آپؐ نے ان کے پاس کچھ کھانے کی چیزیں بھیجیں، اس وقت ان کو تسکین ہوئی کہ آپؐ ناراض نہ تھے۔

کسی شخص کی کوئی بات ناپسند آتی تو اکثر اس کے سامنے اس کا تذکرہ نہ فرماتے، ایک دفعہ ایک صاحب عرب کے دستور کے مطابق زعفران لگا کر خدمت میں حاضر ہوئے، آپؐ نے کچھ نہ فرمایا، جب وہ اٹھ کر چلے گئے تو لوگوں سے کہا کہ ان سے کہہ دینا کہ یہ رنگ دھو ڈالیں۔

ایک دفعہ ایک شخص نے باریابی کی اجازت چاہی، آپؐ نے فرمایا اچھا آنے دو، وہ اپنے قبیلہ کا اچھا آدمی نہیں ہے، لیکن جب وہ خدمت مبارک میں حاضر ہوا تو نہایت نرمی کے ساتھ اس سے گفتگو فرمائی، حضرت عائشہؓ کو اس پر تعجب ہوا اور آپؐ سے دریافت فرمایا کہ آپؐ تو اس کو اچھا نہیں سمجھتے تھے، پھر اس رفق و ملاطفت کے ساتھ کلام کیا، آپؐ نے فرمایا خدا کے نزدیک سب سے بڑا وہ شخص ہے جس کی بدزبانی کی وجہ سے لوگ اس سے ملنا جلنا چھوڑ دیں۔

یہود جس درجہ شقی اور دشمنِ اسلام تھے، اس کا اندازہ گذشتہ واقعات سے ہو چکا ہوگا، بااین ہمہ آنحضرت ﷺ ان سنگ دلوں کے ساتھ ہمیشہ نرمی اور لطف برتاؤ کرتے اور ان سے داد و ستد رکھتے، سخت سے سخت غصہ کی حالت میں صرف اس قدر فرماتے "اس کی پیشانی خاک آلود ہو"۔

ڈاکٹر رفیق احمد قاسمی

ڈاکٹر محمد حمید اللہ: امتیازی کارنامے

دنیا میں ایسی چند شخصیات ہوتی ہیں جن کے علمی وتحقیقی کارنامے تاریخ کا رخ موڑ دیتے ہیں۔ یہ زمانہ اور خط کے قیدوبند سے آزاد ہوتے ہیں اور بعد میں ان کارناموں پر تحقیق کے بعد ان شخصیات کی گوناگوں صلاحیتوں کا اعتراف ہوتا ہے اور ان کا تحقیقی کام اہل علم ودانش کے نزدیک موضوع بحث بنتا ہے۔ سچ تو یہ ہے کہ ایسی ہی شخصیات تاریخ ساز ہوتی ہیں۔ انہی شخصیات میں سے ایک ڈاکٹر حمید اللہ تھے، جنھوں نے ۹۵ ربرس کی عمر پائی اور نصف صدی پیرس میں قیام کے بعد ۱۷ر دسمبر ۲۰۰۲ء کو امریکہ کے پنسلوانیہ میں اللہ کو پیارے ہوگئے۔ ڈاکٹر محمد حمید اللہ کی شخصیت، علمی مقام ومرتبہ اور نمایاں خدمات وکارنامے سے اہل علم وتحقیق عموی طور پر واقف ہیں، پھر چاہے آپ کی متعدد عالمی زبانوں پر دستگاہی ہو، نادر ونایاب علمی مخطوطات کی تحقیق واشاعت ہو، مستشرقین ومعاندین اسلام کی جانب سے اسلام کی بنیادوں کو کمزور کرنے کے مقصد سے کیے جانے والے اعتراضات کا تشفی بخش جواب ہو یا پھر اعلیٰ پایہ کی نادر تحقیقات، ہر حیثیت سے آپ کی شخصیت تمام دنیا میں مسلم اور قابل اعتماد سمجھی گئی، ڈاکٹر حمید اللہ مشرق اور مغرب کی نوزبانوں پر قدرت رکھتے تھے اور چار میں (اردو، عربی، انگریزی اور فرنچ) بلاواسطہ تحریر وتقریر کی خدمات انجام دیا کرتے تھے، مطالعہ اور گفتگو کی اعلیٰ استعداد جرمنی، اطالوی، فارسی، ترکی اور روسی زبان میں بھی حاصل کر لی تھی۔

ابتدائی تعلیم:

ڈاکٹر صاحب کا گھرانا انتہائی روحانی اور صوفی گھرانا تھا۔ جدید تعلیم کو اچھا نہیں سمجھا جاتا تھا۔ خاندانی روایات کے مطابق آپ نے گھر میں ابتدائی تعلیم کے بعد جامعہ نظامیہ میں داخلہ لیا اور ۱۹۲۳ء میں مولوی کامل کا درجہ مکمل کیا۔ بعد ازاں گھر والوں کو بتائے بغیر انگریزی زبان کی اہمیت کے پیش نظر میٹرک کے امتحان کی تیاری کے بعد میٹرک کا امتحان بھی دیا اور امتیازی حیثیت سے کامیاب ہوئے۔ اُن کے والد کو مقامی اخبارات کے ذریعہ ڈاکٹر صاحب کی کامیابی کی اطلاع ملی۔ اس کامیابی کے بعد انہوں نے بیٹے کی مزید حوصلہ افزائی کی۔

اعلیٰ تعلیم:

۱۹۲۴ء میں آپ نے جامعہ عثمانیہ میں داخلہ لیا اور اسلام، علم قانون میں ایم اے اور ایل ایل بی کی سند جامعہ عثمانیہ سے ۱۹۳۰ء میں حاصل کی۔ جامعہ عثمانیہ کی جانب سے اسلامی قوانین بین الاقوامی میں ڈاکٹریٹ کے لیے آپ کو فیلو شپ سے نوازا گیا۔ ۱۹۳۲ء میں جامعہ بون، جرمنی سے آپ نے ڈی فل کی سند حاصل کی اور پھر اسی جامعہ میں عربی واردو کے استاد کی حیثیت سے متعین ہوئے۔ جرمنی میں کچھ عرصہ گزارنے کے بعد آپ نے ڈاکٹریٹ کی ایک اور سند کے لیے فرانسیسی دارالحکومت پیرس کی معروف جامعہ سوربون میں داخلہ لیا۔ ۱۱ر ماہ کے مختصر عرصے میں آپ نے ڈی لٹ کی سند حاصل کی۔

باوجودیکہ ڈاکٹر صاحب کی ابتدائی تعلیم روایتی طرز پر ہوئی اور اولین علمی وفکری بنیاد خالص اسلامی ادارہ میں آپ

نے حاصل کی، لیکن اپنے علمی شوق اور بلند ہمتی کے باعث آپ نے دنیا کے بڑے مستند جامعات میں اپنی اعلیٰ تعلیم کی تکمیل کی، تصنیف وتالیف کا ملکہ آپ میں شروع دور سے ہی تھا، لیکن جوں جوں آپ اپنے تعلیمی مراحل میں آگے بڑھتے گئے، ان کا علمی وادبی اور تحقیقی ذوق مزید نکھرتا چلا گیا اور آپ تصنیف وتالیف کے میدان میں قیمتی لعل وگہر کے خزانے لٹائے اور عالمی ادب میں اپنا ایک منفرد مقام اور امتیازی شناخت قائم کی۔

ان کے علمی کاموں میں ایک خاص بات اور تھی کہ وہ مستقبل کے تقاضوں کی احاطہ بندی کرتی ہے اور عصری معنویت رکھتی ہے۔ ڈاکٹر حمید اللہ نے قرآن مجید کا فرانسیسی زبان میں ترجمہ سے لے کر اسلام کے مختلف گوشوں بشمول خلافت اور میثاق مدینہ پر بڑے دقیق اور فکر انگیز کام کیے۔

ڈاکٹر حمید اللہ کے میثاق مدینہ پر کیے گئے علمی وتحقیقی کاموں کو دیکھا جائے تو اندازہ ہوتا ہے کہ پہلی بار انگریزی اور فرانسیسی زبانوں میں یہ حقیقت سامنے آئی کہ دنیا میں سب سے پہلے مخلوط وجمہوری حکومت محمدؐ نے ہجرت کے بعد مدینہ میں قائم کی تھی، جس میں عیسائی، یہودی ودیگر مکاتب فکر کے نمائندہ افراد بھی شامل تھے اور اس کی سربراہی خود وہی کر رہے تھے۔

ڈاکٹر حمید اللہ کے علمی کاموں میں ایک اہم کام یہ بھی ہے کہ عہد نبویؐ میں نظام تعلیم کیا تھا؟ اپنی تحقیق کے ذریعہ انہوں نے اس پہلو کو پورے طور پر اجاگر کرنے کی کوشش کی ہے کہ محمدؐ نے اپنے دور میں مکاتب ومدارس کے انتظام، امتحانات، اقامت خانے، ابتدائی تعلیم اور لکھنے پڑھنے کو سکھانے کے بندوبست، اجنبی زبانوں کی تعلیم، نصاب تعلیم، بچوں اور عورتوں کی تعلیم کا پورا نظام قائم کر رکھا تھا۔ وہ اس سلسلے میں وضاحت کرتے ہوئے یہ بھی کہتے ہیں کہ رسول اکرمؐ نے ناخواندگی کو دور کرنے کے لیے نظم کیا تھا۔ مثال کے طور پر ہجرت کے ڈیڑھ ہی برس بعد جب ۷۹-۶۰ مکہ والے جنگ بدر میں گرفتار ہو کر مدینہ لائے گئے تو رسول کریمؐ نے ان لوگوں کی جو مالدار نہیں تھے، رہائی کے لیے یہ فدیہ مقرر کیا کہ وہ دس دس بچوں کو لکھنا سکھائیں۔ ایک صحابی عبادہ ابن صامت کہتے ہیں کہ رسول کریمؐ نے مجھے صفہ میں اس غرض سے مامور کیا تھا کہ لوگوں کو لکھنے اور قرآن کی تعلیم دوں۔ صفے سے مراد مکان کا ملحق حصہ ہوتا ہے۔ یہ مسجد نبوی میں ایک احاطہ تھا جو اس غرض کے لیے مختص کر دیا گیا تھا کہ باہر سے تعلیم کے لیے آنے والوں بلکہ خود مقامی بے گھر طالب علموں کے لیے دارالاقامہ کا بھی کام دے اور مدرسہ کا بھی۔ یہ بات بھی سامنے آتی ہے کہ قبائلی نمائندے تعلیم کی غرض سے مدینہ آتے تھے اور ان کے قیام وطعام اور تعلیم وتربیت کی نگرانی خود محمدؐ فرماتے تھے۔ عہد نبوی میں ایک فنی ذوق یا تخصص بھی ترقی کر گیا تھا اور خود رسول اکرمؐ اس کی حوصلہ افزائی کرتے تھے۔ نصاب کے تعلق سے یہ معلوم ہوتا ہے کہ قرآن وسنت کے ہمہ گیر نصاب کے علاوہ نشانہ بازی، تیراکی، تقسیم ترکہ کی ریاضی مبادی طب، علم ہیئت، علم انساب اور علم تجوید القرآن کی تعلیم بھی دی جاتی تھی۔ ایک حدیث کے حوالے سے یہ بات سامنے آتی ہے کہ استاد کی عزت کی جائے یا علم بغیر عمل کے بے سود ہے۔ علم میں تجارت کے اصول وضوابط بھی شامل تھے۔

ڈاکٹر حمید اللہ نے مستشرقین کے طریق تحقیق (Methodology) پر ایسی ہی قدرت حاصل کر لی تھی، جیسی غزالی نے یونانی فلسفہ پر، وہ تحقیق اور طریق تالیف کے باب میں مستشرقین کے راستہ پر تھے لیکن اس پہلو سے ان سے مختلف تھے کہ ان کا قبلہ درست تھا، ان کے اصل مآخذ قرآن وسنت اور مسلمانوں کے معتبر اہل علم کی تصانیف تھیں، انہوں نے اسلام کو، جیسا کہ وہ ہے، دنیا کے سامنے پیش کیا۔ البتہ تحقیق وتصنیف، تلاش وجستجو، نقد واحتساب کے ان تمام ذرائع کو کامیابی اور قدرت کے ساتھ استعمال کیا جو مستشرقین کا طرۂ

امتیاز سمجھے جاتے ہیں اور اس طرح علمی میدان میں اہل مغرب کا جو قرض مسلمانوں پر تھا، اسے فرضِ کفایہ کے انداز میں ڈاکٹر صاحب نے چکا دیا اور ساتھ ساتھ وہ کیا جسے انگریزی محاورے Paying in the same coin کہا جاتا ہے۔

فرانسیسی زبان میں قرآن پاک ترجمہ اور فرانسیسی زبان ہی میں دو جلدوں میں سیرت پاک کی تدوین بھی ان کے نمایاں کاموں میں سے ایک ہے۔ سیرت کی کتاب انگریزی ترجمہ ڈاکٹر صاحب نے خود ہی کیا ہے جو شائع ہوگیا ہے۔ ۱۰۰ار سے زیادہ مقالے اور مضامین ان کے قلم سے نکلے اور اہل علم کی تشنگی دور کرنے کا ذریعہ بنے۔ یقیناً ان کی چھوٹی بڑی کل کتب کی تعداد ۱۵۰ار سے زیادہ ہے۔

ڈاکٹر حمید اللہؒ کی علمی دلچسپیوں کا دائرہ بڑا وسیع تھا اور اس حیثیت سے ان کا کام کثیر جہتی (Multi-Dimensional) تھا۔ انہوں نے تحقیق کے مختلف میدانوں میں بڑے معرکہ کی چیزیں پیش کیں لیکن شاید ان کی سب سے زیادہ دین (Contribution) مسلمانوں کے بین الاقوامی قانون کے میدان میں ہے جس میں انہوں نے علمی دنیا سے یہ منوالیا کہ بین الاقوامی قانون کے اصل بانی مسلمان فقہا اور علما ہیں، سترہویں صدی کے مغربی مفکرین نہیں۔ تدوین حدیث کے باب میں بھی ان کا کام بڑا وقیع ہے اور صحیفہ ہمام ابن منبہ کی تالیف اور اشاعت ان کا بڑا کارنامہ ہے، جس نے یہ ثابت کردی کہ حدیث کی کتابت دورِ رسالت مآبؐ اور دورِ خلافت راشدہؓ ہی میں شروع ہوگئی تھی۔ یہ مسودہ ان کو جرمنی کی ایک لائبریری سے ملا جس کو مناسب انداز میں ایڈٹ کرکے اور یہ دکھا کر اس اوّلین مسودے میں لکھی ہوئی احادیث اور بعد کے مجموعوں میں پائی جانے والی احادیث میں کوئی فرق نہیں ہے، انہوں نے بڑے سائنسی انداز میں حدیث کی صحت کو منوانے میں بیش بہا خدمات انجام دیں۔ حضور پاکؐ کی سیاسی زندگی، آپؐ کے غزوات، سفر ہجرت، خطوط اور وثائق کی تلاش اور ترتیب، ان سب میدانوں میں ڈاکٹر حمید اللہ نے تحقیق اور تسوید کے وہ نقوش قائم کیے ہیں جو تادیر چراغِ راہ رہیں گے۔

اسلامی فقہ کی تدوین اور خصوصیت سے امام ابوحنیفہؒ کی Methodology پر ان کا کام راہ کشا کی حیثیت رکھتا ہے۔ اسلامی قانون اور قانونِ روما کے فرق کو بھی انہوں نے بڑے قاطع دلائل سے ثابت کیا اور مستشرقین کے اس غبار سے ہوا نکال دی کہ اسلامی قانون در اصل قانونِ روما سے ماخوذ ہے۔ دنیا کی مختلف زبانوں میں قرآن پاک کے ترجموں کی معلومات کو جمع کرنا بھی ان کا ایک پسندیدہ موضوع تھا اور اس سلسلے میں ان کی کاوش بنیادی کوشش کا مقام رکھتی ہے۔ ان کے طرزِ تحقیق میں صرف کتابی محنت ہی شامل نہ تھی۔ حضور پاکؐ کے سفر ہجرت کی تحقیق میں انہوں نے پاپیادہ اور گھوڑے اور اونٹ کی پیٹھ پر بیٹھ کر اس راستے پر عملاً سفر کیا، جس سے حضور پاکؐ نے ہجرت فرمائی تھی اور اس طرح اس شاہراہ کو متعین کیا جو روایات میں دھندلی ہوگئی تھی۔ قرآن پاک اور سیرت مبارکہ ان کی زندگی کے صورت گر ہی نہ تھے، ان کی علمی دلچسپی کا بھی محور تھے۔

ڈاکٹر حمید اللہ کا خاص موضوع:

ڈاکٹر حمید اللہ صاحب بنیادی طور پر قانون داں تھے، وہ روایتی تعلیم کے بعد جب جدید تعلیم کی تحصیل میں منہمک ہوئے تو اوّلاً جامعہ عثمانیہ سے قانون (ایل، ایل، بی) ہی تعلیم حاصل کی، اعلیٰ تعلیم کے لیے جرمنی گئے تو وہاں ان کی فکر و تحقیق میں یہی موضوع غالب رہا، چنانچہ ۱۹۳۵ء میں بون یونیورسٹی سے ''اسلام کے بین الاقوامی تعلقات'' کے موضوع پر نہایت محققانہ مقالہ لکھ کر ڈی۔ فل کی سند حاصل کی، ۱۹۳۶ء میں فرانس آگئے اور سوربون یونیورسٹی سے ''عہد نبوی اور خلافت

راشدہ میں اسلامی سفارت کاری'' کے موضوع پر معرکتہ الآراء مقالہ لکھا جس پر ڈی۔لٹ کی ڈگری تفویض ہوئی، گویا آخر تک ان کی تعلیمی زندگی کا اصل موضوع قانون بین الممالک ہی رہا۔

یورپ سے وہ حیدرآباد واپس آئے تو جامعہ عثمانیہ میں قانون بین الممالک ہی کے استاذ مقرر ہوئے، جامعہ عثمانیہ میں ان کے استاذ پروفیسر حسین علی مرزا کی کوششوں سے اس شعبے کا قیام عمل میں آتا تھا، اس طرح کہا جاسکتا ہے کہ ڈاکٹر حمیداللہ مرحوم کو ہندوستان میں قانون بین الممالک کے تلامذہ واساتذہ کے سابقین الاوّلین میں ہونے کا شرف بھی حاصل تھا، اس وقت قانون بین الممالک کے موضوع پر اردو میں کوئی کتاب نہ تھی، جامعہ عثمانیہ کے نصاب میں جس انگریزی کتاب کی طرف طلباء کو رجوع کرنے کی ہدایت کی گئی تھی وہ عصری ضرورتوں کو پورا کرنے سے قاصر تھی، چنانچہ ڈاکٹر صاحب نے طلباء کی ضرورت کے پیش نظر اس موضوع کی پہلی کتاب'' قانون بین الممالک کے اصول اور نظریں'' کے نام سے لکھی، جو مکتبہ ابراہیمیہ حیدرآباد سے ۱۳۵۵ھ میں شائع ہوئی، اس سبب تالیف خود ڈاکٹر حمیداللہ صاحب کے قلم سے ملاحظہ ہو۔ لکھتے ہیں:

''اس کتاب کا موضوع ہمارے ملک کے لیے تو نہیں البتہ ہماری زبان کے لیے بالکل نیا ہے، اس پر کوئی کتاب نہیں کوئی مضمون تک ہندوستانی زبان میں میرے دیکھنے میں نہیں آیا، اس سال جامعہ عثمانیہ میں اس پڑھانا بالکلیہ میرے سپرد کیا گیا تو وقت بہت کم تھا اور چیزیں بہت، میں نے طلباء کے سامنے جو زبانی لیکچر دیئے یا جو ابھی دینے باقی ہیں ان کو سردیوں کی تعطیلوں سے فائدہ اٹھا کر قلم بند کرتا ہوں، یہ چھوٹا سا رسالہ طلباء کی امتحانی ضرورتوں کو مدنظر رکھ کر مرتب کیا گیا ہے اگر ضرورت سمجھی گئی تو آئندہ زیادہ ٹھوس اور زیادہ پھیلا ہوا مواد پیش کیا جائے گا اور علوم وفنون کے برخلاف قانون بین الممالک کا تعلق زیادہ تر مملکتوں کے باہمی برتاؤ سے ہے اور اسی لیے روز ہی اس میں تبدیلیاں ہوتی رہتی ہیں، نصاب میں جس انگریزی کتاب کو دیکھنے کی سفارش کی گئی ہے وہ گیارہ سال پرانی ہے اس کے مواد کو عصری بنانا پہلا مقصد ہے''۔

دوملکوں کے درمیان تعلقات کی عام طور سے تین نوعیتیں ہوتی ہیں، یعنی مسالمانہ، مخاصمانہ اور غیر جانبدارانہ۔ یہ کتاب ان تینوں نوعیتوں کے مباحث پر حاوی ہے، کتاب مقدمہ اور تین ابواب پر مشتمل ہے، جنھیں مقاصد کا عنوان دیا گیا ہے، مقدمہ میں حکومت وسلطنت کی نشو ونما اور ایک دوسرے سے باہمی ربط وضبط کے ابتدائی قوانین وغیرہ کی اجمالی تاریخ قلم بند کی گئی ہے، مصر، فلسطین، ہندوستان، یونان اور روم کے ساتھ مسیحیت اور اسلام کے اثرات دکھائے گئے ہیں، جدید یورپ کا بھی ذکر ہے، اس کے بعد قانون اور مملکت کی تعریف، خودمختاری اور اس کے اقسام نیابت، بغاوت وغیرہ کا ذکر ہے، مسالمانہ اور غیر جانبدارانہ اصول وقوانین مثلاً آزاد حکومتوں کے اپنے حقوق اور حالت جنگ وامن میں مختلف حکومتوں کے باہمی حقوق وفرائض وغیرہ کی تفصیل ہے۔

قانون بین الممالک کے سلسلہ کی یونانی، رومی قرون وسطی، تاریخ اسلام اور جدید مغرب کی خصوصیتیں بھی بیان کی گئی ہیں، جس سے یہ تاثر پختہ ہوتا ہے کہ جدید تہذیب وتمدن اسلامی قوانین کے ہم پلہ نہیں۔

اس کتاب کی ایک خصوصیت یہ ہے کہ ڈاکٹر صاحب نے یورپ کے اہل قلم کے برعکس قانون بین الممالک کے سلسلہ میں یورپ وامریکہ کے بالمقابل تاریخ اسلام اور

تاریخ ہند سے بھی واقعات کی نظیریں پیش کی ہیں اور ان سے استناد کیا ہے، کتاب کی اس اہم خوبی پر مولانا سلیمان ندوی کی نظر گئی اور انہوں نے خاص طور پر اس کی داد دی۔

یورپ کے اہل قلم بالخصوص مستشرقین جب کسی موضوع پر قلم اٹھاتے ہیں تو روم ویونان کے ذکر کے بعد جدید یورپ کی مدح سرائی پر آجاتے ہیں اور درمیان کی ایک ہزار سالہ تاریخ اسلام کو سرے سے نظر انداز کردیتے ہیں، قانون بین الممالک کے سلسلہ میں بھی ان کا یہی متعصبانہ رویہ رہا، ڈاکٹر حمید اللہ صاحب نے ان کی اس کمی کو محسوس کیا، چنانچہ اپنی اس کتاب میں پہلی مرتبہ اسلام کے بین الممالک اصول وقوانین کا ذکر واعتراف کیا، مولانا سید ابوالاعلیٰ مودودی نے بھی کتاب کی اس خصوصیت کا ذکر کیا ہے۔

اس کتاب کی شکل میں ڈاکٹر حمید اللہ نے علمی دنیا کے لیے ایک قیمتی چیز پیش کردی، اب بطور خاص اردو میں اس موضوع پر ایسی مستند اور جامع کوئی کتاب نہیں تھی، بلکہ اگر یہ کہا جائے تو غلط نہ ہوگا کہ اس کتاب کے عالمانہ مباحث، تجزیاتی طرز اسلوب اور محققانہ ژرف نگاہی نے بہت سی یورپی کتابوں کو بھی پیچھے چھوڑ دیا، اس کتاب کے ذریعہ قانون بین الممالک کے باب میں اسلامی اصول وضوابط اور نظریات بھی منظر عام پر لانے کی کوشش کی گئی اور دیگر نظامہائے سیاست اور اسلام کا معروضی تقابلی مطالعہ بھی پیش کیا گیا، عام تو عام بہت سے اہل علم حضرات بھی اس موضوع کی حساسیت اور اہمیت سے کم ہی واقف تھے۔ ڈاکٹر حمید اللہ نے یہ کتاب لکھ کر اردوداں طبقہ کو اس موضوع کے تئیں بیدار اور باشعور کردیا، ظاہر ہے کہ آج انقلابی دنیا کے جدید سیاسی واقتصادی حالات سے آگہی اور ان کے فہم کے لیے اس موضوع پر نظر نہایت ضروری ہے، ورنہ عالمی نوعیت کے جو حالات سیاست ومعیشت کے میدان میں رونما ہو رہے ہیں ان کو سمجھنا اور پھر ان کی روشنی میں قیادت مندانہ رول ادا کرنا بغیر اس موضوع کے تہہ تک پہنچے ممکن نہیں۔ یہ کتاب ڈاکٹر حمید اللہ کی تمام کتابوں میں نہایت اہمیت کی حامل ہے اور صحیح معنوں میں ان کے فکری افق، وسعت مطالعہ اور ان کے نظریہ ساز ذہن کی عکاس ہے۔

محمد شاکر۔ریسرچ اسکالر یونی ورسٹی آف حیدرآباد

سائنٹفک سوسائٹی سرسید احمد خان کی ایک قابل "فخر" کارنامہ

سرسید احمد خان کی ذات گرامی عظیم تہذیبی کارناموں کا سرچشمہ تھی۔ان میں سے کسی کو ایک دوسرے پر فوقیت دینا بڑا مشکل ہے۔علم و ادب کا میدان ہو یا تعلیم و تربیت کی جولاگاہ۔سیاست و معیشت کی راہیں ہوں یا الٰہیات و اخلاقیات کے راستے ہر جگہ سرسید احمد خان کا اشہب کردار اردو سبک سیری دیتا ہوا دکھائی دیتا ہے۔تاریخ تہذیب انسانی میں اس کے لئے ہمہ گیر کردار کی شخصیتیں ملنی محال ہیں۔سرسید احمد خان کی ذات انجمن در انجمن کی مثال تھی۔انھوں نے ایوان زندگی میں ایک نہیں متعدد محفلیں آراستہ کیں۔یہ اسی بطل جلیل کا فیضان نظر ہے کہ اس کی سجائی ہوئی محفلوں میں ایک چراغ بجھنے آیا تو کوئی چراغ خود بخود فروزاں ہو گیے۔

سرسید احمد خان کی سجائی ہوئی ایسی ہی محفلوں میں سے ایک محفل سائنٹفک سوسائٹی علی گڑھ بھی تھی۔اس کی زمانہ شناس نظریں دیکھ رہی تھیں کہ مغربی علوم وفنون عالمگیر حیثیت اختیار کرتے جا رہے ہیں۔اور آئندہ وہی قوم سربلندی اور سرخ روئی حاصل کر سکے گی جو جدید علوم وفنون سے مرصع ہو کر آگے بڑھے گی۔بصورت دیگر محکومی انفعالیت اور زبوں حالی اس کا مقدر ہو گی۔

سائنٹفک سوسائٹی کا قیام:

برصغیر میں عوام اور مسلمان خاص طور پر انگریزی زبان سے ناواقف ہونے کی بنا پر جدید علوم و افکار سے بے بہرہ تھے۔ان کے لئے ضروری تھا کہ یا تو وہ انگریزی زبان سے ناواقفیت کو ختم کریں یا ان کے لئے مختلف علوم وفنون اور افکار تازہ کو انگریزی سے اردو میں منتقل کیا جائے۔اور ضرورت درحقیقت دونوں ہی باتوں کی تھی۔پہلے مقصد کے حصول کے لئے سرسید احمد خان نے علی گڑھ میں مدرسۃ العلوم کی بنیاد ڈالی۔لیکن وہ صرف اسی بات پر قناعت نہ کر سکتے تھے کہ مغربی علوم و فنون انگریزی کے ذریعہ حاصل کئے جائیں۔وہ اس حقیقت سے بھی پوری طرح واقف تھے کہ کسی غیر زبان کو سیکھنے میں عمر کا ایک بڑا حصہ گنوا کر کسی علم یا فن میں کمال بہم پہنچانا اور مہارت تامہ حاصل کرنا محال نہیں تو دشوار ضرور ہے۔اس سلسلے میں انھوں نے ورنا کیولر یونی ورسٹی کا منصوبہ بنایا۔جہاں تمام علوم وفنون کی تدریس اردو زبان میں دی جا سکے۔لیکن افسوس کہ مصلحت کوش انگریز حکام کی سردمہری اور بے اعتنائی کی وجہ سے وہ اس منصوبے کو عملی جامہ پہنانے سے قاصر رہے۔لیکن سرسید احمد خان اس منصوبے کو عمل میں لانے کے بارے میں برابر سوچتے رہے۔

1863ء میں سرسید احمد خان نے اپنی ایک تحریک کے ذریعہ ایک ایسی مجلس کے قیام پر زور دیا جو مشرق کے قدیم مصنفین کی بلند پایہ اور انگریزی اور دوسری ترقی یافتہ زبانوں کی جستہ جستہ کتابوں کا ترجمہ کروا کر شائع کرے۔یہی تحریر آگے چل کر سائنٹفک سوسائٹی کی بنیاد بن گئی۔چنانچہ اگلے سال یعنی 9 جنوری 1864ء کو غازی پور میں سرسید احمد خان اور ان کے ایک انگریزی دوست لیفٹیننٹ کرنل گریہم نے ایک جلسے میں اپنی موثر اور مدلل تقریروں کے بعد اس سوسائٹی کے قیام کا اعلان کردیا۔اس جلسہ کی قرارداد میں سرسید احمد خان نے اپنی سوسائٹی کے اغراض و مقاصد واضح کرتے ہوئے بتایا کہ اس سوسائٹی کے زیر اہتمام انگریزی میں موجود علمی اور تاریخی کتابیں اردو میں ترجمہ کرا کے شائع کی جائیں گے تاکہ مغربی علوم وفنون کی طرف اہل وطن مائل ہوں۔علمی موضوعات پر لیکچر دیے جائیں گے۔ایک اخبار بھی جاری کیا جائے گا جو حکومت اور رعایا کے درمیان افہام وتفہیم کا ایک ذریعہ ہوگا۔یہ اخبار اردو اور انگریزی دونوں زبانوں میں شائع ہوگا۔اخبار کے لکھنے والوں میں انگریز، مسلمان، ہندو تینوں قوموں کے افراد شامل ہوں گے۔اس اخبار کے ذریعے انگریز حکومت۔انگریزوں اور ہندوستانی عوام کے

درمیان مغائرت، علیحدگی، عدم اعتماد اور مذہبی تعصبات کو آہستہ آہستہ ختم کرنے کی کوشش کی جائے گی۔

6، جون 1846ء کو سرسید احمد خان کا تبادلہ غازی پور سے علی گڑھ ہو گیا اور چونکہ ان کی عدم موجودگی میں غازی پور میں سوسائٹی کا صحیح خطوط پر چلنا ممکن نہ تھا۔ لہٰذا ان کے ساتھ سوسائٹی کا تمام سامان اور عملہ بھی علی گڑھ پہنچ گیا۔

سوسائٹی کا دستور 1864ء میں بمقام غازی پور مرتب ہوا تھا تاہم 1866ء میں اس میں معمولی سی ترمیم کی گئی۔ اسی سال سوسائٹی کے لئے ایک عمارت بھی تقریباً تیس لاکھ کی لاگت سے تیار ہوگئی۔ میرٹھ کے کمشنر مسٹر ڈیکس نے اس عمارت کا افتتاح کیا ڈیوک آف آرگائل وزیر ہند اس کے سرپرست اور ڈری فنڈ لیفٹننٹ گورنر شمال مغرب نائب سرپرست مقرر ہوئے جب کہ لیفٹننٹ کرنل گریہم کو سوسائٹی کا اولین معتمد بنایا گیا۔ بعد کو سرسید احمد خان اس عہدہ پر فائز ہوئے۔ سرپرست اور نائب سرپرست کے علاوہ جو عہدے مقرر کئے گئے وہ اراکین معاون (حضوری) اراکین معاون (مکاتیبی) اراکین اعزازی اور رفقائے سوسائٹی کے تھے۔ مزید برآں کونسل مشیر اور کارپرداز بھی مقرر کئے گئے۔ سوسائٹی کی تعمیر کردہ عمارت کا نام علی گڑھ انسٹی ٹیوٹ رکھا گیا تھا اور اس میں ایک عجائب گھر کا بھی اہتمام کیا گیا جس کا مقصد ہر قسم کی عجیب و غریب چیزیں جمع کرنا اور علمی آلات اور مختلف کلوں کے نمونے فراہم کئے گئے۔ تقریروں کا ایک سلسلہ شروع کیا گیا۔ ڈاکٹر کلکلی ہر مہینے طبیعاتی سائنس کے موضوع پر تقریر کرتے تھے اور علمی آلات کی مدد سے حاضرین کو تجربے دکھاتے تھے۔ ایک مرتبہ گیہوں کی فصل نہایت امید افزاء نتائج کے ساتھ تیار کی گئی۔ ان تجربات میں سرسید احمد خان خود بھی دلچسپی لیتے تھے۔ انھوں نے ایک آہنی ہل بھی ایجاد کی تھی جس کے ذریعہ گیہوں کا ایک ایک دانہ بویا جاتا تھا۔

سائنٹفک سوسائٹی کی علمی خدمات:

سائنٹفک سوسائٹی کے ذریعہ سرسید احمد نے لوگوں کے اندر سائنسی طرز فکر اور عقلیت وحقیقت پسندی کا رجحان پیدا کیا۔ اور توہم پرستی سے نجات دلانے کی کوشش کی۔ انھوں نے سائنسی علوم کی روشنی میں مذہب کو سمجھنے سمجھانے کا سلسلہ بھی شروع کیا۔ سرسید بڑے دوراندیش اور زمانہ شناس تھے۔ انھوں نے محسوس کیا کہ جب تک مسلمانوں میں تعلیم خصوصاً جدید تعلیم عام نہ ہوگی تو وہ نہ زندگی کے اعلیٰ مقاصد سے واقف ہو سکیں گے اور نہ ان کے اندر ملک اور معاشرے کے بدلے ہوئے تقاضوں کے مطابق تمام اہم مسائل کو بحسن وخوبی حل کرنے کی صلاحیت پیدا ہو سکے گی۔ اس لیے انھوں نے مغربی علوم وفنون کی اشاعت کو انگریزی تعلیم سے بھی زیادہ ضروری اور مقدم قرار دیا۔ اس زمانے میں مسلمان انگریزی پڑھنا گناہ کبیرہ سمجھتے تھے۔ اور دوسری قوموں کے لیے بھی اس میں کوئی خاص کشش نہ تھی جس کی وجہ سے وہ اس کی طرف راغب ہوتیں۔ کیوں کہ تمام عدالتوں میں اردو زبان کا رواج تھا۔ اعلیٰ سے اعلیٰ عہدہ جو اس وقت کسی ہندوستانی کو مل سکتا تھا۔ اس کے لیے مشرقی زبانوں کی تعلیم کافی تھی۔

سرسید مغربی علوم وفنون کی تعلیم کی اشاعت اس لیے بھی ضروری سمجھتے تھے۔ کہ اس سے حاکم ومحکوم یعنی انگریزوں اور ہندوستانیوں کے نظریات وخیالات میں اتفاق واتحاد اور یگانگت و قربت پیدا ہوگی۔ جس سے نہ صرف انگریزوں کو فائدہ پہنچے گا۔ بلکہ ہمارے وطن کے بھائی بھی مستفیض ہوں گے۔ ان کا خیال تھا کہ انگریز جیسے طاقت ور قوم سے براہ راست ٹکر لینا ہوا میں ہاتھ مارنے کے مترادف ہوگا۔ انہیں انہی کے ہتھیاروں سے شکست دی جاسکتی ہے، جس سے لیس ہو کر وہ ہندوستان آئے تھے۔

سرسید احمد خان کی سائنٹفک سوسائٹی کے دو اہم مقاصد قرار پائے۔

(۱) ان علوم وفنون کی کتابوں کا جن کو انگریزی زبان یا یورپ کی کسی زبان میں ہونے کے سبب ہندوستانی نہیں سمجھ سکتے۔ ایسی زبانوں میں ترجمہ کرنا جو ہندوستانیوں کے عام استعمال میں ہوں۔

(۲) ایشیا کے قدیم مصنفوں کی کامیاب اور نفیس کتابیں تلاش کر کر کے بہم پہنچانا اور شائع کرنا۔

سائنٹفک سوسائٹی ہندوستان کا تیسرا وقیع اور قابل تقلید تصنیفی وتالیفی اور اشاعتی ادارہ تھا۔ جو سرسید احمد خان کی فکر رسا کے

نتیجہ کے طور پر معرضِ وجود میں آیا۔ اس سے قبل فورٹ ولیم کالج انگریزوں نے قائم کیے تھے۔ دلی کالج کی ٹرانس لیشن سوسائٹی اور سائنٹفک سوسائٹی کا مقصد دیسی زبانوں میں مغربی ومشرقی علوم و فنون کی کتابوں کی طباعت واشاعت تھا۔ اوراس میدان میں دلی کالج نے کارہائے نمایاں انجام دیئے۔ سائنٹفک سوسائٹی نے پندرہ علمی کتابیں تالیف یا ترجمہ کر کے اردو کے خزانے کو مغربی علوم وفنون سے مالا مال کیا۔ اس کے ساتھ ہمارے ان کاموں کے لیے جو مغربی علوم سے ناواقفیت کی بنا پر کرکے ہوئے تھے، راہ ہموار ہوگئی۔

مولانا الطاف حسین حالیؔ سوسائٹی کی اس افادیت پر روشنی ڈالتے ہوئے لکھتے ہیں:

> ''اگر غور سے دیکھیے تو یہ سوسائٹی ہمارے ان مقاصدِ جلیلہ میں سے ہے۔ جن کے حاصل ہونے کی توقع ہم کو اس سے پہلے گورنمنٹ کے سوا کسی سے نہ تھی۔ اور جن پر ہمارے وہ کام اٹکے ہوئے ہیں۔ جن کے نہ ہونے سے ہم پر انسان بالفعل کا اطلاق اب تک صحیح نہیں ہوا''۔

سوسائٹی نے جو کتابیں ترجمہ کرائیں ان کی ایک بڑی خصوصیت یہ بھی ہے کہ ان کے حواشی میں متن کے بعض الفاظ اور اشارات واصطلاحات کی تشریح وتوضیح کا التزام کیا گیا ہے، جن سے ہندوستانی عام طور سے ناواقف ہوتے تھے۔ سوسائٹی کی کتابیں تعداد کے لحاظ سے کم ہیں لیکن کیفیت کے اعتبار سے غیر معمولی افادیت و اہمیت کی حامل ہیں۔ ان تصانیف نے انیسویں صدی میں شمالی ہند میں جدید تعلیم کی تشویق وترغیب میں دمِ عیسیٰ کا کام کیا۔

سوسائٹی کے اجلاسوں میں عورتوں کی تعلیم وتربیت پر بھی زور دیا گیا۔ اگر چہ کہ اس زمانے میں سوسائٹی کا خواب شرمندۂ تعبیر نہ ہوسکا۔ لیکن اس کی اس ہوشمندانہ تبلیغ کا نتیجہ ہم آج انہیں آنکھوں سے دیکھ رہے ہیں۔ اس کے علاوہ سوسائٹی نے کسانوں کی فلاح و بہبود کے لیے بھی کوشش کیں۔ اس نے نہ صرف علمِ فلاحت پر کتابیں تصنیف کرائیں۔ بلکہ اس کی نگرانی میں کاشتکاری سے متعلق مختلف علمی تجربے بھی کیے گئے۔

اس طرح سوسائٹی کی قیادت نے ہماری زبان کے علمی ذخیرے میں قابلِ ذکر اضافے کے ساتھ ساتھ ملک میں جدید خیالات کو فروغ دینے میں نمایاں حصہ لیا۔ اس کی کوششوں کی بدولت سائنس سے دلچسپی کا رجحان عام ہوا اور ہمیں علمی معاشرتی اور سیاسی اعتبار سے ترقی کی نئی راہ میں، ہندوستان کی ہمہ جہت ترقی میں سوسائٹی کی خدمات کی اہمیت سے انکار نہیں کیا جاسکتا۔

مولوی عبدالحق لکھتے ہیں کہ سائنٹفک سوسائٹی نے تقریباً چالیس کتابیں انگریزی سے اردو میں ترجمہ کرائیں۔ لیکن انھوں نے صرف اکتیس کتابوں کے نام گنائے ہیں۔ ڈاکٹر اصغر عباس کی تحقیق کے مطابق سوسائٹی نے صرف پندرہ کتابیں شائع کیں۔ جن کے نام اس طرح ہیں۔ مصر کی قدیم تاریخ، تاریخ چین، یونان کے قدیم زمانہ کی تاریخ، رسالہ علمِ فلاحت، رسالہ علمِ انتظام مدن، تاریخ ہندوستان، رسالہ علمِ برقی، اصول سیاست مدن، تاریخ ایران، رسالہ علمِ جغرافیہ، رسالہ نیچرل فلاسفی، رسالہ علمِ آب وہوا، رسالہ جرثقیل وغیرہ۔

سوسائٹی کے اخبارات سے پہلے ہندوستانی اخبارات محض قارئین کی تفریحِ طبع اور دل لگی کا ذریعہ سمجھے جاتے تھے۔ علی گڑھ انسٹی ٹیوٹ گزٹ نے اپنے پیش رو اخباروں کے اس اندازو روایات سے ہٹ کر صحافت کا ایک نیا معیار قائم کیا اور صحیح خبروں کے پہلو بہ پہلو علمی، تہذیبی، سیاسی اور اخلاقی مضامین شائع کر کے اپنے ہم وطنوں کی رہنمائی اور ذہنی تربیت کا فریضہ انجام دیا۔ سوسائٹی کی کتابوں اور اس کے اخبار کی تحریروں سے ہندوستانیوں کے اذہان و افکار میں نمایاں تبدیلی رونما ہوئی۔ انگریزوں کا جو رعب اور خوف ہم پر طاری تھا۔ وہ رفتہ رفتہ زائل ہونے لگا اور ہمیں بدلے ہوئے ماحول اور معاشرے میں سانس لینے کا ایک انداز نصیب ہوا۔

مولوی عبدالحق نے ایک جگہ سوسائٹی کے قیام کے ان اثرات کی طرف اشارہ کرتے ہوئے لکھا ہے کہ

> ''سرسید کا سب سے بڑا کارنامہ تعلیمی وعلمی تھا۔ اور اس کا ایک جزو سائنٹفک کا قیام تھا خود یہ نام اس تغیر کی خبر دے رہا تھا جو اس وقت عمل میں آرہا تھا''۔

عابد حسین گنائی ۔ریسرچ اسکالر' شعبۂ اردو مولانا آزاد نیشنل اردو یونیورسٹی' حیدرآباد

کیفی اعظمی: ترقی پسند و دیگر ناقدین کی نظر میں

ہر عہد اور ہر دور میں ایسے لوگ اور شعرا پیدا ہوئے ہیں جنھوں نے اپنے حرکت و عمل سے زندگی کو سنوارنے اور اُسے دوسروں کے لیے ذہنی انبساط کا سامان فراہم کرنے کی کوشش کی ۔خوشحال زندگی اور اچھے معاشرے کی تشکیل و تکمیل کے خواب دیکھے اور اُس عہد کے دوسرے لوگوں کو بھی دکھائے۔ان میں وہ عظیم شخصیتیں زیادہ احترام کے قابل ہیں۔ جنھوں نے اپنی فنی صلاحیتوں کو معاشرے کی فلاح و بہبودی کے لیے وقف کر دیا۔اردو ادب میں ترقی پسند تحریک سے وابستہ زیادہ تر شعرا کے یہاں بڑی حد تک اس جذبے کی کارفرمائی نظر آتی ہے۔اگرچہ تحریک سے منسلک زیادہ تر شعرا نے اپنی شاعری کا آغاز رومانی طرز سے کیا۔لیکن باقاعدہ طور تحریک سے جڑنے کے بعد ان سبھی شعرا کے یہاں فکر اور احساس میں نمایاں تبدیلی دیکھنے کو ملی۔اور آگے چل کر ان شعرا نے اردو ادب میں مارکسی خیالات و نظریات کو اہمیت دیتے ہوئے معاشرے کے طبقاتی تضاد اور سماج میں پیدا شدہ استحصال کو اپنی شاعری کا موضوع بنایا۔ان شعرا نے سیاسی و سماجی بغاوت اور اشتراکی و عوامی انقلاب کو اپنا نصب العین قرار دیا۔انھوں نے اجتماعی فکر اور اجتماعی مسائل کو اپنی شاعری میں مارکسی خیالات و نظریات کے حوالے سے پیش کیا۔اس لیے ترقی پسند تحریک سے وابستہ شعرا کے یہاں موضوعات کی یکسانیت کے ساتھ ساتھ زبان و بیان کی یکسانیت بھی پائی جاتی ہیں۔ان ہی شعرا میں کیفی اعظمی کا شمار بھی کیا جاتا ہے یہ ترقی پسند تحریک کے شعرا کے اُس حلقے سے تعلق رکھتے ہیں جنھوں نے زندگی کے ہر دور میں محنت کش عوام' مظلوموں کی حمایت اور ان کی تحریکوں سے جڑے رہے جو انصاف اور آزادی کے لیے محکوم اور مظلوم انسانوں کی جدوجہد' ان کے عزائم' ان کی قوت اور ان کی آخری فتح پر اپنا ایمان اور عقیدہ رکھتے ہیں۔کیفی اعظمی کی ابتدائی شاعری کے مخاطب بھی یہی کسان اور محنت کش عوام کا طبقہ دیکھنے کو ملتا ہے۔ترقی پسند تحریک سے وابستہ جن ناقدین نے کیفی اعظمی کی شاعری سے متعلق اپنے خیالات کا برملا اظہار کیا ان میں خاص کر احتشام حسین' محمد حسن' سجاد ظہیر' محمد علی صدیقی' قمر رئیس اور خلیل الرحمٰن اعظمی کا نام قابل ذکر ہیں۔ترقی پسند تنقید کے اصول و نظریات کے دائرے سے باہر جن ناقدین نے کیفی اعظمی کی شخصیت اور شاعری پر تنقیدی مضامین قلمبند کیے ہیں ان میں گوپی چند نارنگ' مظفر حنفی' شافع قدوائی' انور سدید' جگن ناتھ آزاد اور سحر انصاری کا نام بڑی اہمیت کا حامل ہیں۔کیفی اعظمی ترقی پسند شعرا میں ایک اہم مقام رکھتے ہیں، اس لیے ان کی تحریروں میں وہ سبھی خصوصیات دیکھنے کو ملتی ہے جو ترقی پسند شعری اسلوب کی عام خصوصیات میں شمار کی جاتی تھی اس کے ساتھ ساتھ ان کے یہاں وہ منفرد خصوصیات بھی موجود پائے جاتے ہیں جو ان کے انفرادیت کی نشاندہی کرتی ہے۔کیفی اعظمی کی ترقی پسند شاعری اور اسلوب کے حوالے سے تحریک کے بانی سجاد ظہیر ان کے پہلے شعری مجموعے کے پیش لفظ میں یوں رقم کرتے ہیں۔بقول سجاد ظہیر:

> ''جدید اردو شاعری کے باغ میں ایک نیا پھول کھلا ہے ایک سرخ پھول ۔۔۔کیفی کی شاعری قدیم و جدید دونوں قسم کی ادبی غلاظتوں سے پاک ہے۔اس میں ترقی پسندی کی جھلک صاف نظر آتی ہے۔اس کے خیال میں نصب العین صاف و

متعین'اس کا طرز بیان سیدھا اور براہ راست'اس کی تشبیہیں و استعارے نئے اور دلکش ہیں ۔وہ اشتراکیت کا پر جوش حامی ہے ۔اس نے اپنی زندگی محنت کشوں کی خدمت اور ان کی جد وجہد میں شرکت کے لیے وقف کردی ہے جدید دور کے ترقی پسند شاعر اسی قسم کے ہوں گے" ۱

ترقی پسند تنقید کے ذیل میں ایک اہم اور معتبر نام احتشام حسین کا ہے ۔جنھوں نے تنقید پر مبنی بہت ساری تصانیف اپنی یادگار چھوڑی ہیں ۔احتشام حسین کی تنقیدی تحریریں خاص کر ترقی پسند تنقید کے اصول ونظریات کے ضمن میں اہم متصور کی جاتی ہے۔کیفی اعظمی کے متعلق وہ اپنے ایک تنقیدی مضمون میں یوں رقم طراز ہیں۔لکھتے ہیں۔

"کیفی اعظمی ایک مقبول ترقی پسند اور انقلابی شاعر ہیں ۔۔۔انھوں نے اپنی ابتدائی عمر میں رومانیت میں ڈوبی ہوئی نظمیں لکھیں۔پھر شعوری طور پر قوم پرستی اور آزادی کے گیت گانے لگے ۔انھوں نے ملک اور غیر ملک میں ہونے والے سیاسی واقعات پر بھی دلچسپ اور پر اثر نظمیں لکھی ہیں۔عوام کے سکھ دکھ کو انھوں نے اپنی نظموں میں اس طرح سمو دیا ہے کہ فن اور موضوع ایک ہو جاتے ہیں" ۲

کیفی اعظمی نے شعر وادب کے ذریعے سے نہ صرف ماضی کے انسانوں کے تجربات و جذبات کو نئے طرز اسلوب اور تشبیہات واستعارات میں پیش کرنے کی کوشش کی ۔بلکہ ان کے یہاں اپنے عہد کے پر آشوب حالات وواقعات کے ساتھ ساتھ اس ماحول اور ذاتی واجتماعی تجربات کا ثمرہ بھی دیکھنے کو ملتا ہے۔جس کے اندر رہ کر ایک شاعر وادیب ایک حساس 'دردمند دل اور ایک ذمہ دار رکن کی حیثیت سے زندگی گزارتا ہے ۔اس دور کے سارے نشیب و فراز اور مد وجزر اس دور کے شعرا کے تحریروں میں نمایاں طور پر نظر آتے ہیں ۔کیفی اعظمی نے بھی فیض احمد فیضؔ جیسے بڑے شاعر کی طرح اپنے شعر وادب کا آغاز رومان کی حسین ورنگین وادیوں سے شروع کیا تھا اور پھر آگے چل کر رومان سے انقلاب کی طرف دکھائی دیتے ہیں ۔اردو ادب کے ماہر اقبالیات پروفیسر جگن ناتھ آزاد نے اپنے مضمون بعنوان"کیفی اعظمی کی شاعری پر ایک طائرانہ نظر"میں کیفی اعظمی کے شاعری کے تعلق سے یوں رقمطراز ہیں وہ لکھتے ہیں۔

"جب ہم کیفی اعظمی کی شاعری کا مطالعہ کرتے ہیں تو وہ ہمیں اپنے گرد وپیش کے ماحول پر نظر رکھنے کے ساتھ ساتھ اپنے وقت کی آواز بھی نظر آتے ہیں ۔ان کی شاعری کا کینوس بہت وسیع ہے ۔ان کی ابتدائی شاعری میں رومانیت اور کلاسیکیت کا امتزاج ایک خوبصورت اکائی کی صورت میں نظر آتا ہے۔ان کی شاعری کسی ایک فارمولے کی پابند نہیں ہے اس کی نگاہ ماضی پر بھی ہے حال پر بھی اور مستقبل پر بھی۔غم جاناں بھی اس کا موضوع ہے غم ذات اور غم دوراں بھی'اس کی شاعری انسان کے امکانات سے لبریز ہے اور انسان کی ان مجبوریوں کے ذکر سے بھی جو خود انسان نے انسان کے لیے پیدا کی ہیں" ۳

کیفی اعظمی انسان دوستی کا اعلیٰ درجہ رکھتے تھے ۔دنیا بھر کے مظلوم انسانوں کے لیے ان کے دل میں ہمدردی کا جذبہ نمایاں ہے ۔ان کے یہاں انسان دوستی مذہب وملت'اونچ نیچ' کالے گورے اور امیر غریب کے تصور کی قیود سے آزاد دکھائی دیتا ہے۔ وہ جب بھی کسی ملک کی حمایت میں کچھ لکھنے کا ارادہ کرتے ہیں تو سب سے پہلے اس ملک کے غریب عوام اور مظلوم لوگوں کی طرف اپنی توجہ مبذول کراتے ہیں ۔کیفی اعظمی خاص کر زندگی کے ہر دور

میں محنت کش عوام سے جڑے رہے۔کیفی اعظمی جدو جہد کرنے والے مزدوروں اور محنت کش عوام کے جذباتی آہنگ سے پوری مطابقت رکھتا ہے۔ان کے یہاں تحریروں میں کوئی پیچیدہ یا مشکل اور چونکا دینے والے تجربات نہیں ہیں۔اس لیے انھوں نے ایک ایسا اسلوب اختیار کیا جو اس مظلوم اور غریب طبقے سے تعلق اور مطابقت رکھتا ہے۔یہی وجہ ہے کہ کیفی اعظمی کے اسلوب میں نہایت ہی آسان اور عام فہم انداز بیاں پایا جاتا ہے ان کی تحریریں فنی پیچیدگیوں سے مبرا اور آزاد دکھائی دیتا ہے ترقی پسند تنقید سے منسلک نقاد پروفیسر قمر رئیس اس ضمن میں یوں تحریر کرتے ہیں۔

''کیفی کی بیشتر نظموں کے مخاطب یہی محنت کش عوام ہیں۔ان نظموں میں سیدھا سادہ طرز اظہار اور جوشیلا رزمیہ لب و لہجہ ہے۔وہ جد وجہد کرنے والے مزدوروں اور کام گاروں کے جذباتی آہنگ سے پوری مطابقت رکھتا ہے۔ان نظموں میں کوئی پیچیدہ امیجری یا چونکا دینے والے تجربات نہیں ہیں۔لیکن ان میں سماجی اور سیاسی تناؤ کی جو فضا ہے وہ اس عہد کی بنیادی آویزش اور تضادات کی ترجمانی ضرور کرتی ہے''۔ ۴

کیفی اعظمی نے اپنے شعری تحریروں میں پیکروں کا استعمال بھی بڑے ہی نہایت اور ماہرانہ انداز میں کیا ہے۔ان کے یہاں جو پیکر شاعری میں پائے جاتے ہیں وہ سننے والے قاری اور سامعین کو سیدھے طور پر متاثر کرتے ہوئے دکھائی دیتے ہیں۔ان کی شاعری میں استعمال کی جانے والی پیکروں میں بصری اور سمعی دونوں عناصر کی موجودگی بیک وقت دکھائی دیتی ہے جس کی وجہ سے کیفی اعظمی کی شاعری میں زیادہ دلکشی پیدا ہوتی ہے۔کیفی اعظمی کے اس شعری محاسن سے متعلق شافع قدوائی یوں بیاں کرتے ہیں۔

''ان کی شاعری میں بصری پیکر تواتر کے ساتھ فنکارانہ شعور کے ساتھ استعمال کیے گئے ہیں' ایسا لگتا ہے کہ ہر تجربہ شاعر کے حواس پر آنکھ کے حوالے سے وارد ہوتا ہے'' ۵

کیفی اعظمی کے یہاں ایک حساس اور دردمند دل تھا انسانیت ان کے اندر کوٹ کوٹ کر بھری تھی۔وہ انسانیت کے درد کو سمجھتے اور محسوس کرتے تھے۔عام انسانوں' غریبوں' کسانوں' محنت کشوں' اور مزدور طبقے کی زندگی اور اُس کے مسائل' ملک وقوم میں پھیلی ہوئی ابتری اور دیگر اقسام جیسے فرقہ واریت' ذات پات' بھید بھاؤ' سماجی ظلم اور ناانصافی اور نابرابری اور عدم مساوات وغیرہ جیسے حالات سے ان کا دل بہت زیادہ رنجیدہ رہتا تھا۔ان تمام موضوعات کو کیفی نے اپنی تحریروں میں برتنے کی کوشش کی اور ہمیشہ ان کے خلاف اپنی آواز بلند کی۔اور ہمیشہ اپنی شاعری کے ذریعے لوگوں کو محنت و مشقت' میل ملاپ' بھائی چارگی' اتحاد و اتفاق' اور امن وآشتی اور سلامتی کا پیغام دیتے رہے۔محمد حسن نے کیفی کی شاعری کو تین مختلف ادوار میں منقسم کیا ہے۔ان تینوں ادوار کے تعلق سے محمد حسن کیفی کی شاعری کے بارے میں یوں بیان کرتے ہیں۔

''کیفی اعظمی کی شاعری تین مختلف ادوار سے گزری ہیں اور ان ادوار کی پہچان آسان ہے پہلے دور میں کیفی کی شاعری خارجی واقعات کے درمیاں ٹکراؤ سے عبارت ہے' دوسرے دور میں خارج اور ذات کی باہمی آویزش سے اور اس آویزش میں محض بیان نہیں تجربہ اور کیفیت سے اصل شعر بنتے ہیں۔اس دور میں کیفی کی شاعری کا لہجہ وامیجری اور لفظیات سبھی بدلے ہوئے ہیں خود اپنی لفظیات اور امیجری ڈھالنے کی کوشش کی۔تیسرے دور کی شاعری میں زندگی کے اُس جذباتی رویے کو اولیت ملی ہے جو مختلف رنگوں میں مختلف مسائل کے دوران ابھرتا ہے۔اس دور کی

شاعری میں جو آگاہی ملتی ہے اس کے بارے میں
دو باتیں آفاقیت اور تاریخیت اہم ہے" ۶

پروفیسر گوپی چند نارنگ اردو ادب کے دور حاضر میں ایک معتبر نام ہے۔ ان کا شمار اردو ادب کے مابعد جدیدیت تنقید کے بانیوں میں لیا جاتا ہے۔ انھوں نے تنقید اور دوسرے موضوعات پر بہت ساری کتابیں تحریر کی ہے جو ان کے نام کو اردو ادب میں ہمیشہ تابندہ رکھیں گے۔ انھوں نے کیفی اعظمی کی شاعری پر ایک مفصل مضمون بعنوان "جو بادہ کش تھے پرانے وہ اٹھتے جاتے ہیں" کے نام سے تحریر کیا ہے۔ کیفی کی شاعری کے حوالے سے وہ یوں رقمطراز ہیں۔

"ان کی شاعری میں اسپریشن کے بنیادی نکتے تین ہیں۔ اول فرقہ واریت، ذات پات، سماجی اونچ نیچ اور بھید بھاؤ کے خلاف شدید احتجاج کہ جب تک اس فرقہ واریت کو کچلا نہیں جاتا ہندوستان ایک بہتر مستقبل کا خواب نہیں دیکھ سکتا۔ دوسرا سماجی ظلم اور بے انصافی کے خلاف آواز اٹھانا، محنت کشوں، غریبوں اور بے سہارا طبقے کے حقوق کے لیے آواز اٹھانا، تیسرا یہ کہ امید، عزم، حوصلے اور ولولے سے ہاتھ نہ اٹھانا کہ شاعر اور فنکار کا کام خواب دیکھنا ہے"۔ ۷

اسی طرح انور سدید اپنے مضمون میں کیفی کی شاعری سے متعلق یوں بیاں کرتے ہیں۔

"کیفی اعظمی نے اپنی شاعری میں گرد و پیش کے انسان کو اہمیت دی ہے، انھوں نے حوادث و حالات کو موضوع بنایا ہے اور اس طرح ہمارے سامنے وہ شاعر ابھرتا ہے جو خواص پسند نہیں اور جسے گفتگو عوام سے ہے۔ اب وہ شاعری کے اونچے سنگھاسن سے اتر کر زمین پر ننگے پاؤں چل رہے ہیں۔ سنگ ریزوں اور کانٹوں نے ان کے پاؤں کو زخمی کر دیا ہے لیکن ان کے گرد عام لوگوں کا ہجوم ہے اور وہ اپنی ذات کو سرفراز کرنے کے بجائے اپنی آواز کو ہجوم کی آواز کے ساتھ ملانے کی کوشش کر رہے تھے"۔ ۸

سحر انصاری نے بھی کیفی کی شاعری سے متعلق اپنے خیالات کا اظہار ان الفاظ میں کیا ہے وہ لکھتے ہیں۔

"ان کی شاعری اور شخصیت میرے خیال میں تین اجزا کا خوبصورت مرکب ہے حوصلہ، دردمندی اور خلوص۔ شخصیت کے یہی اجزا انھیں بھرپور رومانیت کی طرف بھی لے گئے۔ مزدوروں، کسانوں اور ایک نظریاتی انقلاب کا نقیب بننے پر مائل کرتے رہے انھی کے زیر اثر وہ پوری انسانیت کے حال اور مستقبل کو اپنی شاعری کا موضوع بناتے ہیں۔ اور یہی اجزا ہیں جن کی وجہ سے وہ ایک نیم معذوری کی زندگی اس طرح بھرپور طریقے سے بسر کر رہے ہیں جب کہ وہ اپنی مکمل تندرستی کے زمانوں میں گزار رہے تھے"۔ ۹

محمد علی صدیقی نے بھی کیفی اعظمی کی شاعری پر ایک مضمون "کیفی اعظمی ۔۔شاعری اور آدرش" کے نام سے تحریر کیا ہے جس میں وہ ان کی شاعری کے بارے میں یوں اپنے خیالات کا اظہار کرتے ہیں۔

"کیفی اعظمی، اقبال اور جوش سے متاثر ہیں۔ وہ بہت واضح طور پر اپنے نظریہ کے ساتھ از اول تا ایں دم ثابت قدم ہیں۔ اور یہی وہ خوبی ہے جو انھیں دیگر شعرا سے ممتاز و متمیز کرتی ہے۔ جنھوں نے کبھی شاعری کو نظریہ پر اور نظریہ کو شاعری پر قربان کرنے میں کوئی عار محسوس نہ کی۔ کیفی اعظمی ترقی پسند شاعری میں مواد اور ہیت کے

خوبصورت ملاپ کا دوسرا نام ہے" ۱۰

الغرض کیفی اعظمی کی نظر ابتدا سے ہی مزدوروں، کسانوں، غریبوں اور مظلوم طبقے پر رہی ہے۔ ان ہی حالات میں رہ کر انھوں نے جو خیالات و تجربات حاصل کیے وہی بعد میں ان کی شاعری کا موضوع بنے رہے۔ یہی وجہ ہے کہ کیفی اعظمی شروع ہی سے مزدوروں کی مصیبتوں، درمیانی طبقے کی چھوٹی بڑی ناکامیوں، عورت کی بے بسی اور مظلومیت، انسان کی تذلیل، چھوٹے بڑے کی تفریق، سماجی و معاشی دشواریوں اور ان سے پیدا شدہ ناآسودگی و سیاسی بدامنی وغیرہ جیسے موضوعات کو کیفی نے اپنی شاعری کا مرکز ومحور بنایا ہے تو اس طرح کیفی نے اپنے فن کا رشتہ براہ راست عوام سے برقرار رکھا جو صحیح معنوں میں ایک سچے فنکار کا فرض اول متصور کیا جاتا ہے۔ کیفی نے اپنی شاعری کو عوام کے لیے مختص کیا اور انسانی اقدار کی حمایت میں اپنا وقت صرف کیا۔ مساواتی کیفیات و اقدار بھی کیفی کی شاعری کے اہم محور متصور کیے جاتے ہیں کیفی نے ہرگز دل بہلاؤ اور وقت گزاری کے لیے شاعری نہیں کی بلکہ جوش و جذبہ اور حرکت و حرارت کے عناصر سے ذہن و قلب کو بیدار کرنے والی شاعری ہمیشہ کی۔ اور آخر پر پروفیسر مظفر حنفی کی اس رائے کا ذکر کرنا مناسب معلوم ہوتا ہے، جو انھوں نے کیفی کی شخصیت اور شاعری سے متعلق کہی ہیں۔

"میں جب بھی کیفی اعظمی کے کلام کا موازنہ ان کے دوسرے معاصرین سے کرتا ہوں تو ہمیشہ اس نتیجے پر پہنچتا ہوں کہ وہ اردو شاعری میں ترقی پسند تحریک کی اہم ترین آوازوں میں سے فیض اور مخدوم محی الدین کے بعد تیسری بڑی آواز ہیں" ۱۱

حوالہ جات:

۱ سجاد ظہیر، پیش لفظ، جھنکار، ص ۳۶۲

۲ احتشام حسین، اردو ادب کی تنقیدی تاریخ، ص ۲۸۴

۳ خورشید علی خان، کیفی اعظمی، شخصیت اور فن کے آئینے میں، ص ۲۱۷

۴ قمر رئیس، کیفی اعظمی کی تخلیقی فکر کا سفر، ص ۱۲۸

۵ ایوان اردو، ماہنامہ دہلی، اکتوبر ۱۹۹۸، ص ۱۵

۶ شاہد ماہلی، کیفی اعظمی عکس اور جہتیں، ص ۱۱۷

۷ ایوان اردو ماہنامہ دہلی، ۱۹۹۸، ص ۱۶

۸ انور سدید، کیفی اعظمی، معاملات جہاں کا شاعر، ص ۱۵۹

۹ خورشید علی خاں، کیفی اعظمی شخصیت اور فن کے آئینہ میں، ص ۲۳۳

۱۰ خورشید علی خاں، کیفی اعظمی شخصیت و فن کے آئینہ میں، ص ۱۲۷

۱۱ مظفر حنفی، جہات و جستجو، ص ۱۲۰

شگفتہ۔بی ایس سی سال اول۔گورنمنٹ ڈگری کالج سدی پیٹ، تلنگانہ

قومی یکجہتی کے علمبردار، نظیر اکبرآبادی

ملک میں بھائی چارگی اور اتحاد کا جذبہ بیدار کرنے کے لیے جہاں بہت سے طریقے عمل میں لائے گئے ہیں وہیں اردو شعراء نے بھی اپنی شاعری کے ذریعہ ایک اہم رول ادا کیا ہے اس سلسلے میں نظیر اکبرآبادی کا نام ناقابل فراموش ہے۔

نظیر اکبرآبادی اردو کے ایسے شاعر ہیں جن کو ہندوستان کا جمہوری اور عوامی شاعر کہنا مبالغہ نہیں ہوگا۔انہوں نے اپنے وطن سے والہانہ محبت کی۔ یہاں کے رسم ورواج، مذہبی عقائد، تقریبات، یہاں کے رُت وموسم، پہاڑ دریا، میلے ٹھیلے غرض کہ ہر چھوٹی بڑی چیز کو اپنی شاعری کا موضوع بنایا اور اسی کی بدولت انہوں نے عوام وخواص کے دلوں میں اپنی جگہ بنائی۔ معاشرت، سماج اور ماحول کی سچی عکاسی اور ترجمانی کر کے سب کے دلوں میں انسانیت کے احترام کا جذبہ پیدا کیا اور اخوت ومحبت کی فضا پیدا کی۔نظیر کی بیشتر نظمیں رواداری اور بے تعصبی کی اعلیٰ مثال ہیں۔نظیر اکبرآبادی رنگ ونسل، قوم وقبیلے اور مذہب وملت کے اختلافات کو مہمل سمجھتے ہیں۔ان کی نظر میں یہ تمام چیزیں پیدائشی اتفاق ہیں۔ اصل میں جو چیز قابل احترام ہے وہ انسانی ہمدردی اور رواداری ہے۔یہ چیز اسی وقت ممکن ہوسکتی ہے جب انسان مذہب وملت، کالے گورے، ادنی اعلیٰ، اور امیر وغریب کے امتیازات کو بھول کر صرف اور صرف انسانیت کے مضبوط رشتے سے اپنی ذات کو وابستہ کرلے۔یہی وہ اصول ہے جو اختلافات کی دیوار کو ڈھا کر عوام کے درمیان محبت واخوت اور اتحاد ویگانگت کی فضا قائم کر سکتا ہے۔

نظیر نے دوسرے مذاہب کے پیشواؤں اور تیوہاروں سے متعلق جو نظمیں لکھیں ہیں ان سے نہ صرف نظیر کی رواداری ظاہر ہوتی ہے بلکہ واضح طور پر اس بات کا یقین ہو جاتا ہے کہ نظیر ان تیوہاروں، تقریبوں اور میلوٹھیلوں میں پوری دلچسپی کے ساتھ شریک ہوتے تھے۔آج بھی نظیر کی ان نظموں کے ذریعہ میل ومحبت اور اتحاد کا درس دیا جاسکتا ہے۔ بھیرو جی کی تعریف میں نظیر نے جو نظم کہی ہے۔اس کا ایک بند ملاحظہ ہو ؎

کیا کیا مچی ہیں تیرے دربار کی بہاریں
بھگتی کلا پہ تیری جی جان اپنا واریں
سب اپنا اپنا کارج من مانتا سنواریں
سیوک چرن کو چومیں اشٹی کھڑے پکاریں
تیری سرن گہی ہے کر تو نہال بھیروں
اے پرت پال دیوت مدہ مست کال بھیروں

نظیر اکبرآبادی کی تقریباً تمام شاعری گنگا جمنا تہذیب کی عکاسی کرتی ہے۔اس میں متعدد جگہ کرشن جی کی بانسری کا ذکر کیا گیا ہے۔انہوں نے سری کرشن جی کی زندگی کے مختلف پہلوؤں پر نظمیں لکھ کر ان سے مسلم طبقے کی عقیدت کا اظہار کیا ہے۔نظیر نے تیوہاروں میں سب سے زیادہ نظمیں ہولی پر اور دیوی دیوتاؤں میں سب سے کثیر تعداد میں نظمیں کرشن جی پر لکھی ہیں۔ان کی اس قبیل کی نظمیں ہندوؤں اور مسلمانوں کو ایک دوسرے کے قریب لانے میں مددگار ثابت

ہو سکتی ہیں۔ان نظموں میں احترام اور عقیدت کا جذبہ کوٹ کوٹ کر بھرا ہوا ہے۔ان نظموں کو پڑھ کر کرشن جی کی پیدائش معلوم ہوتی نظم "جنم کنہیا جی" سے ایک بند ملاحظہ ہو ۔

ہے ریت جنم کی یوں ہوگی جس گھر میں بالا ہوتا ہے
اس منڈل میں ہر من بھیتر سکھ چین دو بالا ہوتا ہے
سب بات بتھا کے بھولے ہے جب بھولا بھالا ہوتا ہے
آنند مندیلے باجت ہیں جب بھون اجالا ہوتا ہے
یوں نیک پچھتر لیتے ہیں اس دنیا میں سنسار جنم
پر ان کے اور ہی لچھن ہیں جب لیتے ہیں اوتار جنم

نظیر نے نہ صرف ہندو دیوی دیوتاؤں پر نظمیں لکھیں بلکہ سکھوں کے پیشوا گرونانک کی شان میں بھی نظم لکھی ہے۔ایک بند ملاحظہ فرمائیں ۔

کہتے ہیں نانک شاہ جنہیں وہ پورے ہیں آگاہ گرو
وہ کامل رہبر جگ میں ہیں یوں روشن جیسے ماہ گرو
مقصود مراد، امید سبھی بر لاتے ہیں دل خواہ گرو
نت لطف وکرم سے کرتے ہیں ہم لوگوں کا نرباہ گرو
اس بخشش کے اس عظمت کے ہیں بابا نانک شاہ گرو
سب سیس نوا،ارداس کرو اور ہردم بولو واہ گرو

نظیر اکبر آبادی کی شاعری میں مذہبی رواداری اور انسانی محبت کو نمایاں طور پر دیکھا جا سکتا ہے وہ بلا تفریق مذہب وملت اور رنگ ونسل ہر انسان سے محبت کرتے ہیں۔نظیر دنیا کی فنا اور اہل دنیا کی چندروزہ حیات کا منطقی نتیجہ یہ نکالتے ہیں کہ باہمی تفرقہ اور تنازع محض بیکار اور عبث ہیں ، اس لیے بے تعصب، پرامن اور صلح کل زندگی بسر کرنے کی تلقین اس طرح کرتے ہیں ۔

جھگڑا نہ کرے مذہب وملت کا کوئی یاں
جس راہ میں جو آن پڑے خوش رہے ہر آن
زنار گلے یا کہ بغل بیچ ہو قرآن
عشق تو قلندر ہے، نہ ہندو نہ مسلمان
کافر نہ کوئی صاحب اسلام رہے گا
آخر وہی اللہ کا اک نام رہے گا

اس بند کو دیکھ کر ایسا معلوم ہوتا ہے کہ نظیر اکبر آبادی ہندوستان کے موجودہ سیاسی تلاطم کو اپنے دور بیں نگاہوں سے دیکھ چکے تھے۔جس شخص کا یہ عقیدہ ہو اسے کسی مذہب سے بیر نہیں ہو سکتا ہے یہی وجہ ہے کہ وہ ہندو اور مسلم دونوں کے تیوہار سے یکساں لطف اندوز ہوتے ہیں۔ان کے کلیات میں جہاں عید اور شب برات پر نظمیں ملتی ہے وہیں ہولی دیوالی اور بسنت جیسے ملکی تیوہاروں کی چہل پہل کو بھی اس خوبی سے نظم کیا ہے، جس سے ان کی دوسرے مذاہب کے ساتھ رواداری ظاہر ہوتی ہے۔نظیر نے نہ صرف ہندوؤں کے تیوہاروں پر قلم اٹھایا ہے بلکہ ان کے معتقدات کی تصویر کھینچ کر اپنی وسیع النظری کا ثبوت بھی دیا ہے۔نظیر کی اس وسیع النظری اور رواداری پر سجاد باقر رضوی نے ایک جملے میں بڑی عمدہ بات کہی ہے۔یہ جملہ نظیر کے مسلک پر بھرپور روشنی ڈالتا ہے۔آپ فرماتے ہیں۔

"نظیر نظر کے شاعر تھے،نظریات میں نہ آسکے"

کوئی خالق باری، مولا، رحمٰن، رحیم، اللہ، تنگوری
کوئی لاکھ روپ کرتار کہے، نرکال نرنجن؟ نردھاری
کوئی رام رام کہہ کر سمرے کوئی بولے شیو شیو ہری ہری
کوئی داتو نیت، یوائل، کوئی راچھس، دیوت، جن پری

اس حمد میں نظیر اکبر آبادی نے خدا کے لیے ان تمام ناموں کا استعمال کیا ہے جو مختلف مذاہب،عقیدوں اور فرقوں میں اپنے معبود کو یاد کرنے کے لیے مستعمل ہے۔اس کے ساتھ ساتھ انہوں نے کثرت سے ایسی نظمیں لکھی ہے جو آج قومی یکجہتی کو فروغ دینے میں معاون ثابت ہو رہی ہے۔

مولانا انصار احمد معروفی

آئینِ ہند اور ڈاکٹر بھیم راؤ امبیڈکر

ہمارا ہندوستان دنیا میں سب سے بڑا جمہوری ملک ہے، جمہور کا مطلب عوام ہوتا ہے، جمہوری ملک کا مفہوم عوامی اور غیر شاہی ملک ہے، جمہوریت فکری، آزادی، اور رائے کے احترام کا تقاضہ کرتی ہے، اگر ملک میں جمہویت کی جڑیں مضبوط ہوں گی تو جمہوریت کو ملک کی ترقی اور عوام کی فلاح کے لیے کارگر طریقے سے استعمال کیا جاسکے گا۔

جمہوریت کیا ہے؟ اس کا جواب اکثر لوگ کچھ اس طرح دیتے ہیں کہ جمہوریت وہ طرزِ حکومت ہے جہاں عوام کی حکومت عوام کے مفاد کے لیے عوام کے ذریعے تشکیل دی جاتی ہے، مگر بابا صاحب بھیم راؤ امبیڈکر نے جمہویت کی جو تشریح کی ہے وہ اس سے ایک قدم آگے ہے، ان کا ماننا ہے کہ جمہوریت میں حکومت سازی کا عمل اکثریتی ووٹ سے ہی طے ہوتا ہے مگر اس کا یہ قطعی مطلب نہیں کہ اکثریتی حکومت اقلیتی طبقات کے مفادات اور اقتدار میں ان کی حصہ داری کو نظر انداز کردے۔ امبیڈکر صاحب چاہتے تھے کہ آزاد ہندوستان میں سبھی طبقے کو ان کا واجب حق اور ان کی صحیح نمائندگی ملے۔ ۶ رمئی ۱۹۴۵ء کو بمبئی میں واقع آل انڈیا ایس سی فیڈریشن کی سالانہ تقریب میں بولتے ہوئے انہوں نے کہا" کہ کسی بھی صورت میں ایک طبقہ دوسرے طبقہ پر اپنا تسلط نہ جمائے"۔

امبیڈکر صاحب: ڈاکٹر بھیم راؤ امبیڈکر صاحب کی پیدائش ۱۴ راپریل ۱۸۹۱ء کو ہوئی، اور وفات ۶ ردسمبر ۱۹۵۶ء کو دہلی میں ہوئی۔ یہ ایک سیاسی رہنما، فلسفی، انسان دوست، تاریخ داں، ماہر اقتصادیات، اور بدھ مت کے مصلح تھے، آزاد بھارت کے پہلے وزیر قانون کی حیثیت سے وہ بھارتی دستور کے اہم مصنف تھے۔ انہیں بابا صاحب کے نام سے بھی جانا جاتا ہے، ڈاکٹر امبیڈکر صاحب کے نہ صرف دلتوں اور کمزور طبقات بلکہ مسلمانوں پر بھی بڑے احسانات ہیں جنہوں نے ایک ایسا دستور دیا جس میں مذہبی اور لسانی اقلیتوں کے تعلیمی حقوق کو بنیادی حقوق کا درجہ دیا گیا ہے۔ آئین ہند جمہوریہ ہندوستان کا دستورِ اعلیٰ ہے، اس ضخیم قانونی دستاویز میں جمہوریت کے بنیادی، سیاسی نکات اور حکومتی اداروں کے ڈھانچہ، طریقۂ کار، اختیارات اور ذمہ داریوں نیز بھارتی شہریوں کے بنیادی حقوق، رہنما اصول اور ان کی ذمہ داریوں کو بیان کیا گیا ہے۔ آئین ہند دنیا کا سب سے ضخیم تحریری دستور ہے، اور آئین ہند کی مجلس مسودہ سازی کے صدر امبیڈکر صاحب کو عموماً اس کا معمارِ اعظم کہا جاتا ہے۔

آئین ہند کے مطابق بھارت میں دستور کو پارلیمان پر فوقیت حاصل ہے، کیوں کہ اسے مجلس دستور ساز نے بنایا تھا، نہ کہ بھارتی پارلیمان نے۔ آئین ہند کو مجلس دستور ساز نے ۲۶ رنومبر ۱۹۴۹ء کو تسلیم کیا تھا، اور ۲۶ رجنوری ۱۹۵۰ء کو نافذ کیا تھا، آئین ہند بھارت کو آزاد سماجی، سیکولر اور جمہوری ملک بناتا ہے۔ جہاں عوام کے تئیں انصاف، مساوات اور حریت کو یقینی بناتا ہے، اور برادری کو فروغ دینے پر ابھارتا ہے۔ مجلس دستور ساز کے ارکان کو صوبائی اسمبلیوں

کے منتخب ارکان نے منتخب کیا ،اور مجلس کے ارکان کی تعداد ۳۸۹ تھی ،لیکن تقسیم ہند کے بعد ان کی تعداد ۲۹۹ رکردی گئی ۔ آئین کو بننے میں کل ۳ رسال لگ گئے ، اور اس دوران میں ۱۶۵ رایام پر محیط ۱۱ راجلاس منعقد کیے گئے ،مجلس کا حتمی اجلاس ۲۴ رجنوری ۱۹۵۰ء کو منعقد ہوا ، دو دن کے بعد ۲۶ رجنوری ۱۹۵۰ء کو یہ نسخہ بھارت کا قانون بن گیا ،نفاذ کے بعد دستور میں کئی مرتبہ ترمیم کی جا چکی ہے ،حکومت بھارت کا پارلیمانی نظام اسی آئین کی مدد سے چلتا ہے ،کوئی بھی حکومت ہو ، وہ آئین ہند کی پابند رہے گی۔

امبیڈکر صاحب اور اقلیت : بابا صاحب خود ایسے طبقے سے تعلق رکھتے تھے جنہیں کئی بار ظلم وستم کا سامنا کرنا پڑا ، وہ متعدد بار اکثریتی طبقہ کی طرف سے ستم رسیدہ بھی تھے ، اس لیے انہوں نے اس مجلس کے سربراہ کے طور پر دوراندیشی سے کام لیتے ہوئے اقلیتی طبقے کا خاص خیال رکھا ہے ۔ جب آئین ساز اسمبلی میں بحث کے دوران میں اقلیت کی جگہ ’’ہر شہری‘‘ کی اصطلاح پر زور دیا جا رہا تھا ، تو امبیڈکر صاحب نے اس کی سخت مخالفت کی ، اور مزاحمت کی تھی ، آئین میں مذہب اور اس کی اشاعت ، نیز تعلیمی ادارے چلانے اور مذہب کی نشر واشاعت کی پوری آزادی حاصل ہے ، چنانچہ آئین کی دفعہ ۳۰ ر کے تحت مذہبی اقلیتوں کو اپنے تعلیمی ادارے قائم کرنے اور چلانے کی پوری آزادی فراہم کی گئی ، نیز مادری زبان میں تعلیم اور مذہب وعقیدے وثقافت پر چلنے اور اس کی تبلیغ کی آزادی دفعات ۲۵ ر اور ۲۶ ر میں عطا کی گئی ۔ امبیڈکر صاحب اس بات سے بھی فکر مند تھے کہ آزاد ہندوستان میں اقلیتی طبقات پر اکثریتی طبقات اپنی تعداد کی بنیاد پر غالب نہ ہو جائے ، اور اپنے مفادات ان پر نہ تھوپے ، ان کے نزدیک اگر اقلیتوں پر اکثریتی طبقے کا تسلط تھوپ دیا جائے تو یہ جمہوری اقدار کی سخت خلاف ورزی ہوگی ۔

انہوں نے خود اپنی زندگی میں طرح طرح کے تعصب ،ظلم وستم برداشت کیے ، اچھوت ہونے کی وجہ سے اعلیٰ ذات کے لوگوں نے ان کے ساتھ زندگی کے ہر موڑ پر بھید بھاؤ کیا ، اعلیٰ ذات کے ہندوؤں کو امبیڈکر صاحب کی اس بات سے چڑھ تھی ، کہ وہ ذات پات ، چھوا چھوت پر مبنی بھید بھاؤ کے مسئلے کو قومی سیاست کے مرکز میں لانے کی کوشش کر رہے تھے ۔ وہیں دوسری طرف قومی تحریک سے وابستہ اعلیٰ ذات پر مبنی قیادت ان سوالوں کو دبا کر اقتدار کی کمان انگریزوں سے اپنے ہاتھوں میں لینا چاہتی تھی ، امبیڈکر صاحب اس بات سے بھی فکر مند تھے کہ اگر ہندوستان آزاد ہوتا ہے تو یہاں کے محکوموں اور مظلوموں کو کیا کیا حقوق دیئے جائیں گے ، ان کو اس بات کی بھی فکر تھی کہ آزاد ہندوستان میں محکوم اور مظلوم طبقات کو اقتدار میں واجب حصہ داری مل پائے گی بھی یا نہیں؟

قانون ہند کی کچھ اہم باتیں : آئین ہند میں ہر قوم و مذہب اور ہر ذات پات کے لوگوں کے لیے انصاف ، رواداری ،اور مساوات کے اصول کو خاص طور پر مدنظر رکھا گیا ہے ، آئین ہند کی ۴۲ رویں ترمیم کی رو سے ہندوستان کو سیکولر اسٹیٹ کہا گیا ہے ۔ اور بتایا گیا ہے کہ اس ملک میں ہر مذہب کا مساوی طور پر احترام لازم ہے ، اور مذہب کی بنیاد پر کسی کے ساتھ کسی قسم کا کوئی امتیازی سلوک نہیں کیا جائے گا ، اور نہ ہی مذہب یا ذات پات کی بنیاد پر ملک کے کسی شہری کو شہریت کے حقوق سے محروم کیا جائے گا۔

آئین ہند کی رو سے ہر ہندوستانی شہری ؛ چاہے وہ کسی بھی مذہب کا ماننے والا ہو ، قانون کی نگاہ میں برابر ہے ، اور ہر شہری کو آزادیٔ رائے ، آزادیٔ خیال ، اور آزادیٔ مذہب کا حق حاصل ہے ، دستور ہند میں اقلیتوں کو بھی ان کا حق دیا گیا ہے کہ

وہ علاحدہ اپنے تعلیمی ادارے قائم
کرسکتی ہیں، اپنی تہذیب ،تمدن ، اور
زبان کوفروغ دے سکتی ہیں، اور اپنے
مذہب کی اشاعت کرسکتی ہیں۔
ہندوستان میں اوقاف ، مساجد ، اور
مدارس کی جائیداد اور آمدنی پر کوئی ٹیکس
بھی نہیں ہے ۔ اسی طرح آئین کی
متعدد دفعات میں شخصی آزادی کا تحفظ
کیا گیا ہے ۔ قانون کی خلاف ورزی
کرنے پر کسی شخص کو صرف اس وقت
سزا دی جاسکتی ہے جب اس پر لگایا گیا
الزام قانون کی نگاہ میں بھی جرم ہو ،
چنانچہ کسی شخص کو مقدمہ چلانے اور اپنی
صفائی پیش کرنے کا موقع دیئے بغیر کسی
قسم کی سزا نہیں دی جاسکتی۔
اس طرح دستور ہند میں اقلیتی اور
اکثریتی طبقہ؛ دونوں کے حقوق کا مکمل
لحاظ کیا گیا ہے، یہ اگر حقیقی معنوں میں
نافذ العمل ہو جائے تو ہندوستان ترقی
کی راہ میں کسی بھی ملک سے آگے
جانے کی صلاحیت رکھتا ہے، کیونکہ اس
کے اصول وقوانین میں کسی پر ظلم وستم
روا رکھنے اور اسے مذہب یا ذات پات
کی بنیاد پر دبانے کوشش نہیں کی گئی ہے
، بلکہ ہر ایک کو اس کے اپنے اپنے
میدان میں ترقی کی راہ پر چلتے رہنے کی
تحریک کی گئی ہے۔

ڈاکٹر مسعود جعفری

سردار جعفری: ظہورِ ذات وصفات کا شاعر

ترقی پسند تحریک کے رہنما، نظریہ ساز شخصیت علی سردار جعفری کی تھی۔ وہ 29 نومبر 1913 میں اتر پردیش کے ایک قصبہ بلرام پور میں ایک زمیندار گھرانے میں پیدا ہوئے۔ بچپن ہی سے علم وحکمت کی باتیں سماعتوں سے ٹکراتی رہیں۔ محرم کی مجالس سے آشنائی ہوئی۔ مرثیوں اور نوحوں سے واقف ہونے لگے۔ پندرہ برس کی عمر میں مرثیہ لکھا۔ اس کا ایک شعر دیکھیے۔

آتا ہے کون شمع امامت لئے ہوئے
اپنے جلو میں فوج صداقت لئے ہوئے

وہ 1930 میں لکھنو پہونچے۔ اس وقت ان کی عمر اٹھارہ سال تھی۔ وہاں انہوں نے سروس امتحان دیا۔ کامیاب ہوئے لیکن ملازمت نہیں کی۔ وہ 1933 میں علی گڑھ یونیورسٹی میں شریک ہوئے۔ یہیں سے ان کی ادبی زندگی کا آغاز ہوا۔ یہیں ان کے فکر وفن کو جلا ملی۔ علی گڑھ ہی میں انہوں نے کارل مارکس، گوئیٹے، رومی، حافظ، نطشے، کبیر، نانک کو پڑھا۔ یہیں پر اقبال سے اکتساب کیا۔ یہیں پر لفظ بورژوا کے معنی تلاش کئے۔ وہ پیکر علم وآگہی بن گئے۔ ان کی دلنواز شخصیت میں اور چار چاند لگ گئے۔ ان کا ایک ملکی ہی نہیں عالمی وژن بن گیا۔ ان کی شاعری میں دہقان، مزدور، فلاکت زدہ عوام کی تصویریں ابھرنے لگیں۔ وہ ایشیا اور تیسری دنیا کی آواز بن گئے۔ ان کا پہلا شعری مجموعہ پرواز 1944 میں شائع ہوا۔ انہوں نے اسے کمیونسٹ رہنما پی سی جوشی کے نام معنون کیا۔ ایک شعر لکھا گیا۔

کھل گیا در پڑ گیا دیوار زنداں میں شگاف
اب قفس میں جنبش صد بال و پر ہونے کو ہے

سردار جعفری کا شعری آہنگ انقلابی ہونے لگا۔ ان کی احتجاج کی لو تیز سے تیز تر ہونے لگی۔ وہ سامراج کو للکارنے لگے۔ انہیں قید وبند کی صعوبتیں بھی سہنی پڑیں۔ وہ اپنے راستے سے نہیں ہٹے۔ ان کے قدم متزلزل نہیں ہوئے۔ وہ وقت کے مصائب و آلام برداشت کرتے چلے گئے۔ جبین پر شکن نہیں پڑی۔ ایک مشاعرے میں جب مجاز نے اپنی نظم انقلاب سنائی تو سردار جعفری نے سماج پڑھی۔

تمناؤں میں کب تک زندگی الجھائی جائے گی
کھلونے دے کے کب تک مفلسی بہلائی جائے گی
نیا چشمہ ہے پتھر کے شگافوں سے ابلنے کو
زمانہ کس قدر بے تاب ہے کروٹ بدلنے کو

ان اشعار میں ایک نئے سماج کی تخلیق کا تصور کارفرما ہے۔ شاعر پرانے فرسودہ نظام کے ٹوٹ کر بکھر جانے کا مژدہ سنا رہا ہے۔ نئے سماج کی بشارت دے رہا ہے۔ یہیں سردار جعفری کی شاعری حیات آفریں ہو جاتی ہے۔ وہ نئی صبح کے نقیب بن جاتے ہیں۔

سردار جعفری پہلی جنگ عظیم اور دوسری جنگ عظیم کی تباہ کاریوں پر تلملا اٹھتے ہیں۔ وہ فسطائیوں کو انتباہ دیتے ہیں۔ انہیں چیلنج کرتے ہیں۔ سردار کے انقلابی تیور ملاحظہ کیجئے۔

جنگ باز خونخوار و

ہم تمہیں سزا دیں گے
یہ غرور زرداری
خاک میں ملا دیں گے
خون کے پیاسے ہو
ہم مزہ چکھا دیں گے
وہ نظام وہ دنیا
جس میں جنگ پلتی ہے
ایک دن مٹا دیں گے

سردار جعفری ترقی پسند تحریک کے ایک قدآور پیمبر تھے۔ وہ کیمونسٹ پارٹی کے سرگرم کارکن بھی تھے۔ پارٹی کے ترجمان نیا ادب سے وابستہ تھے۔ ان کا مارکسی آئیڈیالوجی پر کامل یقین تھا۔ سویٹ یونین کے زوال تک اس اشتراکی نظریہ کے پاسبان و ترجمان رہے۔ روحانیت کو خیالی جنت سمجھتے تھے۔ وہ توہمات کے قائل نہیں تھے۔ ہر چیز کو عقل کی میزان میں رکھتے تھے۔ ان کی شاعری مزدوروں، کسانوں، کارخانوں کے کرم چاریوں کی آواز رہی۔ وہ سحرالبیان خطیب بھی تھے۔ ان کی سحر زدہ گفتگو سامعین کو دم بخود کردیتی تھی۔ بات میں بات پیدا کرنے کا ہنر ان سے زیادہ کسی اور ادیب وشاعر کو نہیں آتا تھا۔ نصف صدی تک وہ محفل شعر ونغمہ پر سایہ فگن رہے۔ وہ جب تک زندہ رہے دیگر اشتراکی سکون سے سوتے رہے۔ انہیں یقین تھا کہ سردار ہی سیاست، صحافت اور ادبی معرکہ آرائی سے نمٹنے کی صلاحیت اور حوصلہ رکھتے ہیں۔ ادبی وسیاسی مباحثے انہی کے سہ ماہی رسالے گفتگو میں آکے سانس لیتے تھے۔ وہ قومی وعالمی مسائل پر تفصیل سے روشنی ڈالتے تھے۔ وہ اپنے ہمعصر لوک پر یہ شاعر جگر مرادابادی کے دو مشہور شعروں میں ایک شعر کی نفی تھے اور دوسرے شعر کا اثبات تھے۔ ملاحظہ فرمایئے۔

فکر جمیل خواب پریشاں ہے آج کل
شاعر نہیں ہے وہ جو غزل خواں ہے آج کل

سردار جعفری اس شعر کے مرکزی نکتہ سے مکمل اتفاق رکھتے تھے۔ وہ چلتے ہوئے گردوپیش میں غزل خوانی کو درست نہیں سمجھتے تھے۔ وہ چاہتے تھے کہ شاعر کارزار حیات کی کشاکش میں شرکت کرے۔ اپنا حرکیاتی کردار نبھائے۔ نیکی اور بدی کے درمیان خط فاصل کھینچے۔ ہاتھ پر ہاتھ دھرے بیٹھنا ان کے اشتراکی مسلک میں کفر سے زیادہ بدترین گناہ تھا۔ البتہ سردار جعفری ظروف کے شہر مراد آباد کے مکین جگر کے اس شعر سے صد فیصد عدم اتفاق رکھتے تھے۔

ان کا جو کام ہے وہ اہل سیاست جانیں
میرا پیغام محبت ہے جہاں تک پہونچے

سردار جعفری کا تعلق سیاست سے ایسا ہی تھا جیسے ایک پھول کا شاخ سے یا ایک ماہی کا آب رواں سے رہتا ہے۔ ان کی سوچ، فکر اور شاعری سیاسی ہی تھی۔ وہ کیسے اور کیوں کر سیاسیات سے دستبردار ہو کر زندگی گزارتے اور صرف پیغام محبت کے دائرے میں اسیر ہو جاتے۔ یہ ان کے لئے ممکن نہیں تھا۔ وہ تاریخ کے جدلیاتی تصور کے قائل تھے۔ پرولتاریہ حکومت ان کی منزل تھی۔ وہ ماورائے کائنات کی دنیا کے ماننے والے نہیں تھے۔ جو کچھ ہے یہی ہے۔ اس کے سوا کچھ نہیں۔ جس طرح صیاد اپنے بچھائے ہوئے دام میں الجھ جاتا ہے بری طرح پھنس جاتا ہے۔ اسی طرح سردار جعفری بھی اپنی ایک محبوب نظم میرا سفر میں مارکسیت کی ساری جڑیں اکھاڑ پھینک دیں۔ اشتراکیت کے پرندے کے بال و پر نوچ ڈالے۔ اپنے اسلاف کی طرز فکر کی دھجیاں اڑادیں۔ آواگون ،تناسخ ارواح یا Transmigration Of Soul کے حدی خوان بن گئے۔ ان کی نظم میرا سفر کی صدا سن کر سجاد ظہیر اپنی قبر میں بے چین ہو گئے ہوں گے۔ وہ کہہ رہے ہوں گے سردار یہ کیا بکواس کئے جا رہے ہو۔ سردار جعفری جنم جنم کی

ولادت کے نظریہ کو ماننے لگے ۔یہ مارکسی جدلیات کی نفی ہے۔بورژوائی خیال ہے۔سردار کے شعر ملاحظہ کیجئے۔سردار کی خیالی دنیا۔ میرا سفر

لیکن میں یہاں پھر آؤں گا
بچوں کے دہن سے بولوں گا
چڑیوں کی زباں سے گاؤں گا
جب بیج ہنسیں گے دھرتی میں
اور کونپلیں اپنی انگلی سے
مٹی کی تہوں کو چھیڑیں گی
میں پتی پتی کلی کلی
اپنی آنکھیں پھر کھولوں گا
سر سبز ہتھیلی پر لے کر
شبنم کے قطرے تولوں گا
میں رنگ حنا آہنگ غزل
انداز سخن بن جاؤں گا
رخسار عروس نو کی طرح
ہر آنچل سے چھن جاؤں گا

میرا سفر ایک طویل نظم ہے۔سردار جعفری نے اپنے انقلابی اشتراکی افکار کو خیر باد کہتے ہوئے تناسخ ارواح کے فرسودہ و پامال موضوع کو نظم کا عنوان بنایا۔سویٹ یونین میں کمیونزم کے زوال کے بعد شاید وہ مایوس Disappoint یا دل گرفتہ ہوگئے اور اسی عالم میں یہ رجعت پسند نظم لکھی۔ایک خاص بات یہ تھی کہ سردار جعفری اس نظم کو مشاعروں میں سنانے لگے تھے۔چاہے اس کی فرمائش ہو نہ ہو وہ اسے باآواز بلند تحت میں پڑھا کرتے تھے۔وہ اس کو اتنے پیار سے کیوں سناتے تھے۔پتہ نہیں۔وہ اپنے نام کے ساتھ سید کا لفظ بھی لکھنے لگے تھے۔امریکہ کے ایک مشاعرے میں کربلا پر ایک نظم پڑھی اور کہا کہ اس کے بعد کوئی شاعری نہیں ہوگی۔بہر حال بیسویں صدی کے اس عظیم شاعر کی زندگی کے واقعات نہایت دلچسپ اور متاثر کن ہیں۔

عطیہ نفیس

میرؔ شخصیت وشاعری

اردو ادب میں میرؔ ایک ایسی قدآور عظیم شخصیت کا مالک ہے، جس کو ہر باکمال شاعر اور صاحبِ فن نے بلالحاظ دور وعصر عقیدت کے نذرآنے پیش کیے ہیں، اس نے اپنے زمانے میں بھی اپنی عظمت کا لوہا منوایا اور بعد میں بھی ہر ایک دور کے استادانِ فن خراجِ تحسین حاصل کیا۔ میرؔ کے کلام کی طرح ان کی شخصیت اور بلند کرداری بھی قابلِ احترام رہی ہے۔ میرؔ کی خودداری، توکل اور قناعت قابلِ ستائش ہے۔ انھوں نے نااہلوں کے سامنے کبھی سر نہیں جھکایا۔ کبھی لالچ سے یا مفلسی کے دکھ سے خلافِ ضمیر کوئی کام نہیں کیا مولانا محمد حسین آزادؔ آبِ حیات میں ان کا تذکرہ کرتے ہوئے لکھا ہے۔ میرؔ صاحب کی بلند نظری اس غضب کی تھی کہ دنیا کی کوئی بڑائی اور کسی شخص کا کمال یا بزرگی انھیں بڑی نہ دکھائی دیتی تھی۔ اس صباحت نے نازک مزاج بنا کر ہمیشہ دنیا کی راحت اور فارغ البالی سے محروم رکھا۔ اور وہ وضعداری اور قناعت کے دھوکے میں اسے فخر سمجھتے رہے۔

لکھتے ہیں کہ:۔

"سب تذکرے نالاں ہیں۔ کہ اگر یہ غرور اور بے
دماغی فقط امراء کے ساتھ ہوتی تو معیوب نہ تھی۔
افسوس یہ ہے کے اوروں کے کمال تھی انہیں دکھائی نہ
دیتے تھے اور یہ امر ایسے شخص کے دامن پر
نہایت بدنما دھبا ہے۔ جو کمال کے ساتھ صلاحیت
اور نیکوکاری کا خلعت پہنے ہو۔"

یہ بات بھی بڑی عجیب ہے کہ میرؔ جہاں اپنی اس اعلیٰ وار رفع سیرت کے اعتبار سے اپنے معاصرین میں ممتاز ہیں اور نازک مزاجی کی وجہ سے بعض کوتاہوں کے لیے موردِ الزام بھی ٹھہرے میر کی بے نیازی، کم آمیزی، بے تعلقی اور بے دماغی کی عام شکایاتیں ہیں، لوگوں نے میر کی اس مخصوص ذہنی روشن وان کے کبر وغرور سے تعبیر کیا ہے۔ میرؔ کی زندگی کے حالات کا مدوجذر اور ان کی شخصیت کا نشیب وفراز اُن کی شاعری کو سمجھنے میں بہت مدد دیتا ہے۔ کہ وہ درحقیقت اسی کا، ایک عکس ہے۔ میرؔ پر جو کچھ بیتی، جن حالات میں سے ہو کر انھیں گذرنا پڑا، جو سانحات انھیں پیش آئے۔ جن شخصیتوں کے زیرِ سایہ ان کی نشوونما ہوئی۔ اور جن معاملات وسائل سے انھیں دوچار ہونا پڑا، ان سب کا اثر ان کی شاعری میں موجود ہے، ان کی شاعری ان سب کا ایک ایسا آئینہ ہے،۔ جس میں ان حالات اور معاملات وسائل کی تفصیل وجذئیات تک کو دیکھا جاسکتا ہے۔ دس سال کی عمر میں باپ چل بسے، سوتیلے بھائیوں نے باپ کے مرنے کے بعد بدسلوکیاں شروع کردیں۔ میرؔ نہایت نازک مزاج تھے۔ سوتیلے بھائیوں کی بدسلوکی کی وجہ سے آگرہ چھوڑ کر دلی گئے، یہاں بھی میرؔ کو چین سے بیٹھنے نہیں دیا۔

اپنا ہی ہاتھ سر پہ رہا اپنے یاں سدا
مشفق کوئی نہیں ہے کوئی مہرباں نہیں

حافظ محمد حسن نے آرزو خط لکھا کہ

" میرؔ تقی فتنہ روزگار ہے۔ اس کی تربیت ہر گز نا

کریں بل کے دوستی کے پردے میں کام تمام کر دینا چاہئے"۔

اتنا لکھنا تھا آرزوؔ کی بدسلوکیاں میرؔ کے ساتھ بڑھتی گئیں میرؔ نے ان کی بدسلوکیوں کا ذکر ان الفاظ میں کیا ہے۔

" وہ عزیز (آرزوؔ) کچے دنیا دارت تھے۔ اپنے بھانجے کی عداوت دیکھ کر میرا بُرا چاہنے لگے۔
اگر میں سامنے سامنے پڑتا تو پھنکارنے لگتے اور بیچ بیچ کر رہتا تو اول فول بکتے۔
دشمنوں، کا سا برتاؤ کرتے، میں کیا بیان کروں کہ ان سے کیا سلوک دیکھا۔
اور کس طرح کہوں کیا رنج اُٹھائے، ہر چند صبر وضبط کرتا اور لاکھ احتیاط ہو
مگر ان سے ایک روپیہ بھی نہ مانگتا تھا۔
"(افکارِ میرؔ)

یہی وجہ ہے کہ میرؔ کی شاعری زندگی کے تلخ حقائق کی ایک داستان ہے۔ ان کے یہاں درد وغم کے گہرے نقوش ملتے ہیں۔ جن معاشرتی حالات میں میرؔ کی شخصیت کی تعمیر ہوئی، ایسی درماندگی، مایوسی، اور بے بسی کا ذکر انھوں نے اپنے اشعار میں جا بجا کیا ہے۔ اس لئے میرؔ کی آواز سب سے الگ پہچانی جاتی ہے۔

بقول۔ مولوی عبدالحق:۔

" میری رائے میں کسی شاعر کے کلام کا ایک بڑا معیار اس کے کلام کی تاثیر ہے۔
اگر اس معیار پر میرؔ صاحب کا کلام جانچا جائے تو ان کا رتبہ اردو شعراء میں سب سے اعلا پایا جاتا ہے"۔

اُن کے اشعار سوز وگداز اور درد کی تصویریں ہیں، زبان سے نکلتے ہی دل میں جا کر بیٹھ جاتے ہیں، میرؔ کی شاعری عظمت کا اس سے بہتر ثبوت نہیں مل سکتا۔ انھوں نے شعر کے پردے میں اپنے غموں کی داستان جس انداز سے بیان کی ہے۔ وہ انداز دوسرے کسی شاعر کے یہاں نہیں ملتا۔ میرؔ کا انداز اپنا انداز ہے، اور ان کا یہ انداز کوئی نہیں اپنا سکتا۔

میرؔ خود فرماتے ہیں۔

ہر صبح غموں میں شام کی ہے میں نے
خونابہ کشی مدام کی ہے میں نے
یہ مہلت کم کہ جس کو کہتے ہیں عمر
مر مر غرض تمام کی ہے میں نے

شعر کے پردے میں نے غم سنایا ہے بہت
مرثیے نے دل کے میرے بھی رُلایا ہے بہت

اردو ادب کے پورے سرمائے کا جائزہ لیا جائے تو میرؔ کے علاوہ ہمیں کوئی اور ایسا شاعر نہیں ملتا جس کی عظمت کا اعتراف ہر دور میں یکساں طور پر کیا گیا ہو، وہ ادبی دارتقاء کی مضبوط کڑی ہیں، انھوں نے صرف اپنے زمانے ہی کے ادب پر نقش نہیں چھوڑا بل کے مستقبل کی گذرگاہوں کو بھی روشن کر دیا ہے۔ میرؔ کی زندگی حسرت کا مجسمہ اور مایوسی کا مرقع تھی۔ ایسی حسرت اور مایوسی نے جھلک کر اُن کی شاعری کی صورت اختیار کی کر لی ہے۔ اسی لئے وہ خود بھی حسرت کا مجسمہ اور مویوسی کا مرقع معلوم ہوتی ہے۔ ان کے سارے کلام میں سوز وگداز اور نشتریت کی جو ایک لہر ہی دوڑی ہوئی نظر آتی ہے۔ وہ بھی صورت حال کی پیداوار ہے۔ میرؔ کی یہ شاعری، جو درد وغم اور رنج والم کی ترجمانی اور عکاسی کے باعث سوز گداز اور نشتریت سے بھرپور ہے۔ اداس ضرور کرتی ہے۔ لیکن اس میں گھٹن گا احساس نہیں ہوتا یہی وجہ ہے کہ اس میں دلچسپی لی جاسکتی ہے۔ اس سے غم غلط کیا جاسکتا ہے۔ وہ زخمی دلوں کے لئے نشتر نہیں بل کے

مرہم ہے۔ میرؔ کی شاعری میں اس خصوصیت نے اندھیری رات کی سی کیفیت پیدا نہیں کی ہے۔ بل کے اس فضا کو پیدا کیا ہے جو سسکتی ہوئی شام کے دھندلکے میں ہوتی ہے جس سے انسان گھبراتا نہیں، بیزار نہیں ہوتا۔

بل کے اس فضا میں ڈوب جاتا ہے۔ کچھ ایسا ہی حال میرؔ کی شاعری کا ہے۔ بظاہر ان کے کلام میں جہاں شگفتگی اور مسرت کی جھلک نظر آتی ہے وہاں بھی کسی نہ کسی گوشے میں درد وغم کا بسیرا ہوتا ہے۔ کسی جگہ اگر وہ سرور وانبساط اور مسرت وشادمانی کی باتیں بھی کرتے ہیں تو ان کی تہہ میں رنج والم جھانکتے نظر آتا ہے۔ ان کی بات میں حسرت ہے، ناکامی ہے۔ اُداسی ہے۔ غمگین ہے کہ اسی سے اُن کی زندگی عبارت تھی۔ ان کی ناموری کا راز اس میں ہے کہ انھوں نے شاعری کو درد اور درد کو شاعری بنا دیا ہے۔ دوسرے شاعروں کہ یہاں درد تو ہو سکتا ہے۔ یا درد بھری شاعری تو ہو سکتی ہے۔ لیکن خود درد کو شاعری بنا دینا سوائے میرؔ کے کسی اور کے بس کی بات نہیں۔ انھوں نے زندگی بھر شعر کے پردے میں غم سنایا ہے۔ کیوں کے ان کی زندگی اسی غم سے عبارت تھی۔ اسے لئے ان کے دل کا مرثیہ نہ صرف انھیں رولاتا ہے بل کے دوسرے بھی اس پر آنسوں بہاتے ہیں۔ ان کا دعویٰ تو صرف یہ ہے کہ انھوں نے درد وغم کو جمع کر کے دیوان بنا دیا۔ ان کے قریب عشق ہی خالق، وعشق ہی خلق اور عشق ہی باعثِ ایجادِ خلق ہے، اس تصور عشق پر اپنی مثنوی شعلۂ شوق، دریا عشق اور معاملاتِ عشق کے آغاز میں وضاحت سے روشنی ڈالی ہے۔ میرؔ کی شاعری کی ایک خصوصیت یہ بھی ہے کہ انھوں نے چھوٹی چھوٹی بحروں میں بڑے بڑے مضامین نظم کیئے ہیں۔ ان کے یہاں محرومی اور غمناکی کے اثرات تو سرتاپا نظر آتے ہی ہیں۔ لیکن کہیں کہیں منہ کا مزا بدلنے کے لئے انھوں نے ظرافت کے پھول برسائے ہیں۔ فرماتے ہیں۔

تھا میر بھی دیوانہ پر ساتھ ظرافت کے
ہم سلسلہ داروں کی زنجیر ہلا جاتا

میرؔ کہ یہاں بھدا اور ثقیل لفظ بھی ان کے ہاتھ میں پہنچ کر موم ہو جاتا ہے اور وہ جس طرح چاہتے ہیں اسے استعمال کرتے ہیں۔

میرؔ دراصل جذبات کے شاعر ہیں۔ کوئی خیال ان کے ذہن میں پیدا ہوتا ہے تو وہ فوراً اسے شعر کے سانچے میں نہیں ڈھال دیتے ہیں۔ ان کی امتیازی شان یہ بھی ہے۔ کے ان کی شاعرانہ مہارت ہی کہا جا سکتا ہے۔ کوئی خیال ان کے ذہین میں پیدا ہوتا ہے۔ تو فوراً اسے شعر کے سانچے میں نہیں ڈھال دیتے۔ یہ خیال ان کے دماغ میں پکتا اور پگھلتا رہتا ہے۔ یہاں تک کہ وہ جذبہ واحساس کی شکل اختیار کر لیتا ہے اور آخر کار تاثیر سے لبریز ہو کر شاعری کی شکل میں نمودار ہو جاتا ہے۔

بابائے اردو مولوی عبدالحق فرماتے ہیں۔

"میرؔ کے شعر چپکے چپکے خود بخود دل میں اثر کرتے چلے جاتے ہیں جس کی مثال اس نشتر کیسی ہے جس کی دھار نہایت باریک اور تیز ہے اور اس کا اثر اسی وقت معلوم ہوتا ہے جب وہ دل پر جا کر کھٹکتا ہے۔ میرؔ کا رتبہ انیس سے بھی بلند ہے کہ انیسؔ رُلاتے ہیں میر خود روتا ہے۔ یہ آپ بیتی ہے اور وہ جگ بیتی"۔

میرؔ کی شاعری کی ایک صفت یہ بھی ہے کہ وہ ہمیں پسپا نہیں کرتا، حوصلہ بڑھاتا ہے اور حالات کا مقابلہ کرنے کی طاقت عطا کرتا ہے۔ ساتھ ہی ساتھ لفظوں کے ذریعے تصویر

بنانا یعنی پیکر تراشی کلام میرؔ کا خاص وصف ہے۔ بلاشبہ وہ اردو شاعری کے خدائے سخن ہیں۔ غالبؔ فرماتیں ہیں۔

ریختے کے تمھیں استاد نہیں ہو غالبؔ
کہتے ہیں اگلے زمانے میں کوئی میر بھی تھا

اور اس میں شک نہیں کہ اپنے زمانے سے لے کر ہمارے زمانے تک اردو غزل کی دنیا پر میرؔ ہی چھائے ہوئے ہیں۔ اس کہ متعلق آئی۔اے رچرڈز کا قول ہے کہ کوئی فن پارہ اپنی تخلیق کے سو سال بعد تک زندہ رہے تو یہ اس کی عظمت کی دلیل ہے، دو صدی سے زیادہ عرصہ گزر جانے کے باوجود میر کی غزل آج بھی تر وتازہ ہے بل کے اس کی کشش میں کچھ اور اضافہ ہوگیا ہے میر کی عظمت کا اس سے بڑا ثبوت اور کیا ہو سکتا ہے۔ بل کے یہاں تک کہتے ہیں کہ:۔

سارے عالم پر ہوں میں چھایا ہوا
مستند ہے میرا فرمایا ہوا

پروفیسر انور معظم

عہدِ جدید کا ایک تبدیلی ساز مفکر سید جمال الدین افغانی
ایک تعارف

پچھلے دو سال سے دو سوال عالم اسلام کی...... کا محور رہے ہیں۔ (ا) اسلامی حکومتوں کا زوال اور انتشار کیا مذہب اسلام کی کمزوریوں سے کوئی تعلق رکھتا ہے؟ (۲) کیا اسلام موجودہ سائنسی دور کے تقاضوں کو پورا کرنے کا اہل بھی ہے؟ اگر اس مذہب میں ہر زمانے کا ساتھ دینے کی صلاحیت موجود ہے تو پھر گذشتہ چار پانچ صدیوں میں سیاست، تہذیب اور فکر کے میدانوں میں اسلام کی کارکردگی کیوں معطل رہی؟

شام، عراق، لبنان، تینوس میں قوم پرست تحریکوں کا آغاز، یہ سارے واقعات عالم اسلام کے مذہبی اور سیاسی انتشار کی غمازی کرتے ہیں۔ ان تحریکوں کا مطالعہ ایک حقیقت کو پوری طرح واضح کرتا ہے۔ وہ یہ کہ ان تحریکوں نے اپنے کو مخصوص علاقوں کے اندر محدود رکھا اور اپنے وقت اور ماحول کے فوری تقاضوں کو پورا کرنا اپنا مقصد ٹھہرایا۔ ان میں سے کوئی تحریک یا کسی تحریک کا قائد ایسا نہیں اُٹھا جس نے تمام اسلامی ملکوں کے مسائل کو ایک دوسرے سے باہم مربوط کرکے حل کرنے کی کوشش کی ہو۔ یہی سبب ہے کہ ان تحریکوں کو یا تو کامیابی ہی نہیں ہوئی یا ہوئی بھی تو ان کے اثرات دیرپا اور دوررس ثابت نہ ہوسکے۔

اس دور میں صرف ایک شخصیت ہمیں ایسی ملتی ہے جس نے اسلامی حکومتوں اور مسلمانوں کے اس زوال کی صحیح تشخیص کی اور اس کے علاج کے لیے نسخہ بھی زود اثر تجویز کیا۔ یہ سید جمال الدین افغانی کی شخصیت تھی۔ افغانی کا نام اتحاد اسلامی کی تحریک کے ساتھ وابستہ کیا جاچکا ہے۔ لیکن خود تحریک اتحاد اسلامی مسلمانوں اور غیر مسلمانوں کی طرف سے کافی سخت تنقید کا نشانہ بنائی جاتی رہی ہے۔ عام طور سے افغانی کے بارے میں یہی فیصلہ دیا گیا کہ وہ ایک آتش بیان عام سطح کے لیڈر تھے جن کا مقصد اسلامی ممالک کو مغربی تسلط کے خلاف بھڑکا کر آزادی کی جدو جہد پر آمادہ کرنا تھا اور یہ مقصد پوری طرح ناکام رہا۔ افغانی کی زندگی کا یہ خلاصہ درست نہیں معلوم ہوتا اور نہ ایسا کہہ کر ان کے ساتھ انصاف کیا جاسکتا ہے۔ افغانی کو ایسے محققین نہیں ملے جو ان کے مشن کی صحیح قدر متعین کرسکتے۔ ۱۸۹۷ء میں ان کی موت کے بعد پچھلے چند سالوں تک افغانی کو ایک ناکام سیاسی رہنما سے بڑھ کر اور کچھ نہیں سمجھا گیا۔ حالانکہ افغانی کی شخصیت کے اندر کئی پہلو ایسے ہیں جن کا اب تک ایک خاطر خواہ مطالعہ کیا گیا نہ انہیں سامنے رکھا گیا۔ مبالغہ نہ ہوگا اگر کہا جائے کہ عالم اسلام میں.......... تجدیدیت اور قومیت کی جیسی تحریکیں انیسویں صدی کے اواخر اور بیسویں صدی کی ابتداء سے صورت پذیر ہونی شروع ہوئیں کم وبیش ان سب کا آغاز افغانی ہی کی اصلاحی فکر سے تخلیقی رشتہ رکھتا ہے۔

افغانی نے پہلی بار عالم اسلام کو "اسلامی قومیت" کا نعرہ دیا۔ یہ وہ نعرہ تھا جس نے مختلف اسلامی ملکوں میں اٹھنے والی تحریکوں کو ایک پلیٹ فارم پر آنے کی دعوت دی۔ اس نعرے کو ان مغربی ممالک کے سامنے بلند کیا گیا تھا جو رفتہ رفتہ مشرق وسطیٰ میں اپنے پنجے گاڑ دینے کی تدابیر پر عمل کرنے لگے تھے۔

بقول کینول اسمتھ افغانی نے پہلی بار عالم اسلام کے لیے بڑھتے ہوئے مغربی تسلط کے خطرے کو پہچانا اور اس سے سب کو خبردار کیا۔ ان کی تقریروں اور تحریروں کا اسلوب وہی ہے جو بعد میں چل کر مولانا آزاد کے "الہلال" کے مضامین کی جان بن گیا۔ مسلمانوں کے ماضی کا تذکرہ، اس کا موجودہ پستی سے مقابلہ، مسلمانوں کے صحیح مقام کی یاد دہانی اور ان تمام باتوں کو خالص خطیبانہ، جذباتی اتار چڑھاؤ اور مرعوب کن لب و لہجے کے ساتھ ادا کرنا افغانی کا مخصوص اسلوب ہے۔ افغانی نے چند ہی برسوں میں پورے مشرق وسطیٰ کو اپنا ہمنوا بنالیا اور ان کے خیالات کی گونج، ایران، ترکی، مصر اور دیگر اسلامی ملکوں کی تحریکوں میں سنائی دینے لگی۔

"The task before the modern Muslim is, therefore, immense. He has to rethik the whole system of Islam without completely breakig with the past. Perhaps the first Muslim who felt the urge of a new spirit in him was Shah Waliullah of Delhi. The man, however, who fully realized the importance and immensity of the task and whose deep insight into the innter meaning of the history of Muslim thought and life, combined with a broad vision engendered by the wide experience of man and manners, would have made him a living link between the past and the future, was Jamal al-Din Afghani. If his indefatigable but divided energy could have devouted itself entirely to Islam as a system of human belief and conduct, the world of Islam, intellectually speaking, would have been on a much more solid ground today."

افغانی کو بھی انہی معنوں میں ایک "مفکر" کہہ سکتے ہیں کہ انہوں نے مذہبی، اخلاقی اور سماجی تصورات کو انیسویں صدی میں ایک ایسے ذہن کی شکل میں پیش کیا جو پچھلی صدیوں کے خیالات اور تجربات کو تبدیل شدہ حالات کے آئینے میں دیکھتا ہے اور اپنے کو ان تبدیلیوں کے لیے تیار کرتا ہے جو مستقبل کے بطن سے رفتہ رفتہ ظہور میں آنے والی ہیں۔ افغانی ان معنوں میں مفکر ہیں کہ انہوں نے گذشتہ اسلامی فکر کو اساس بنا کر اپنے عہد کی ضروریات کا ایک حل پیش کیا اور اپنے عہد کی چند اہم شخصیتوں کو متاثر کیا۔ صرف یہ امر کہ افغانی چند قابل ہستیوں کو اپنے گرد جمع کرنے میں کامیاب ہوگئے تھے، افغانی کا مقام متعین کرنے کے لیے کافی نہیں۔ فیصلہ تو ان کی تحریروں ہی پر کیا جاسکتا ہے۔ اگر ان میں کوئی مربوط فکر اور مستحکم زاویہ نظر مل جائے، تب کوئی بات یقین سے کہی جاسکتی ہے۔

افغانی کے تصورات ان کی تمام تحریروں میں، جو بہت کم ہیں، پوری بلاغت اور شدت اثر کے ساتھ موجود ہیں۔ افغانی کا قول تھا کہ "میں کتابیں نہیں لکھتا۔ زندہ کتابیں تصنیف کررہا ہوں"۔

فکر کے راستے پر افغانی ایک عام انسان کی طرح سفر شروع کرتے ہیں جو اپنی فطرت کے مطابق دیکھتا سنتا اور اپنے ماحول سے متاثر ہوتا ہے، اخلاقی اور سماجی ضروریات اور تقاضوں کو سمجھتا اور ان سے نتیجے اخذ کرتا ہے۔ آغاز سفر کرنے

والا یہ انسان کوئی مثالی کردار نہیں جو غیر معمولی ذہانت اور مافوق الفطرت صلاحیتیں رکھتا ہے، بلکہ عام لوگوں کی طرح اس دنیا میں وہ چند جوہر لے کر آیا ہے جو اس نے اپنے آباؤ اجداد سے ورثے میں پائے ہیں یا اپنے ماحول سے اخذ کیے ہیں۔

انسان:

''انسان پیدائش کے وقت ایک ہیولا ہے بے شکل، ایک مادہ ہے بے نقش۔ اور اس کے ماں باپ، عزیز و اقارب اپنے خیالات، تصورات، اخلاق، آداب، وقت کے ساتھ ساتھ اس نووارد کے حوالے کرتے جاتے ہیں۔ خود اپنی پسند کے نقش اس کے ذہن پر ثبت کر دیتے ہیں۔ اسے اپنے رنگ میں رنگ لیتے ہیں اور تمام امور میں اسے اپنے جیسا بنا لیتے ہیں۔''

لیکن صرف ماحول ہی اس کے کردار کا خالق نہیں۔ افغانی انسانی عقل کو کردار سازی میں سے اہم امر فیصلہ کن عنصر قرار دیتے ہیں۔

''انسانی اعمال میں سب سے افضل امر راہ سعادت میں فکر اور علوم و معارف میں نظر کا استعمال کرنا ہے''۔

افغانی انسان کو عقل کے سبب اپنے افعال کا آپ ذمہ دار قرار دیتے ہیں۔ چنانچہ وہ ایک جگہ کہتے ہیں کہ:

''جس طرح خدائی قانون کے مطابق مزاجوں پر غذاؤں، دواؤں اور موسموں کا اثر نمایاں ہوتا ہے اسی طرح حکمت خداوندی یہی ہے کہ انسان کا ہر عمل بھی انسان کی ہیئت اجتماعی پر باقاعدہ اثر انداز ہوتا ہے''۔

اخلاقی نظام:

فطری نظام کی جس طرح کائنات پابندی کرتی ہے، اسی طرح ایک اخلاقی نظام بھی وجود رکھتا ہے، جس کی پابندی کے لیے ایک باشعور انسان مجبور ہے۔ اس اخلاقی نظام کا مقصد افراد کی بہتر نہیں بلکہ معاشرے کی بہبود ہے۔ چنانچہ وہ ان اخلاقی اصولوں کی اہمیت کی وضاحت کرتے ہوئے بتاتے ہیں:

''ان اصولوں میں سے ہر ایک محض انفرادی تحفظ اور بقا کے لیے ضروری نہیں بلکہ حیات اجتماعی، ضروریات وحشیت کی تکمیل اور اکتساب زندگی کے لیے اعضاء و آلات کی حیثیت رکھتا ہے''۔

یہاں افغانی انسان کی سماجی حیثیت متعین کرتے ہیں۔ فرد کی زندگی معاشرے کی حیات کا ایک حصہ ہوتی ہے۔ اگر کل معاشرے کی موت سے تحفظ کا حصول ممکن ہو جائے تو ہر فرد کی موت کا تحفظ بھی ہو سکتا ہے۔ یہیں آ کر اخلاقی نظام کی ضرورت محسوس ہوتی ہے جو فرد کی فطری حیثیت اور سماجی حیثیت میں توازن قائم کرنے والی قوت کا دوسرا نام ہے۔

افغانی کے تصور اخلاق میں ہمیں ایک چیز ملتی ہے جس کی ایک مذہبی رہنما سے قطعی توقع نہیں کی جا سکتی۔ وہ یہ کہ افغانی کسی روحانی بنیاد پر اخلاقی اصولوں کی تلقین نہیں کرتے بلکہ ان کا نقطہ نظر بڑی حد تک مادی مفکروں سے میل کھانے لگتا ہے۔ اخلاقی قدروں کے متعلق افغانی کا تصور یہ ہے کہ وہ معاشی حالات اور سماجی مقامات کی مطابقت کرتی ہیں۔ ان کے خیال میں بااخلاق بننا اس لیے ضروری ہے کہ اس سے معیشت میں سہولت اور مادی زندگی میں آسانیاں پیدا ہوتی ہیں۔ اچھی صفات کو اس لیے اختیار نہیں کیا جاتا کہ وہ بذات خود اچھی ہوتی ہیں بلکہ اس لیے کہ یہ مادی مفادات کی ضمانت دلاتی ہیں۔ اخلاق کے مجرد تصور کو ٹھکرا کر افادی نقطۂ نظر اختیار کرنا افغانی کی منفرد فکر کا ایک اہم پہلو ہے۔ جب اخلاق کی بنیاد عقل اور معیشت پر رکھ دی جائے تو عقل کے معیار اور معیشت کے وسائل کے ساتھ ساتھ اخلاقی قدریں بھی بدلتی رہیں گی۔ نہ صرف مختلف معاشروں میں بلکہ ایک معاشرے کے مختلف طبقات میں بھی۔

سماجی مسائل:

اخلاقی تصورات کے ساتھ ساتھ سماجی مسائل پر

افغانی کا اظہار خیال بھی ان کی منفرد سوچ کو اچھی طرح واضح کرتا ہے۔ افغانی کے نزدیک انسان کو حیوانوں سے ممتاز کرنے والی شے اس کا سماجی احساس ہے۔ اسی کو بعد میں چل کر ''قومیت'' کا نام دیتے ہیں۔ احساس قومیت افغانی کی فکر میں بہت اہم درجہ رکھتا ہے اور وہ اس احساس کو کسی قوم کی ترقی کے لیے بنیادی حیثیت دیتے ہیں۔ ان کے نزدیک قومیت ایک نفسیاتی کیفیت ہے جو ''معلم'' افراد میں اپنی تعلیم و تربیت سے اس طرح بیدار کردیتا ہے کہ ایسے تربیت یافتہ افراد قوم کے لیے اپنی روح تک بیچنے کو سہل جانیں اور اپنی عزت قوم کی عزت سمجھیں''۔

تعلیمی تصورات:

افغانی کے تعلیمی تصورات میں ہم ایک ایسے مصلح کی جھلک دیکھتے ہیں جس نے پہلی بار مسلمانان عالم کو جدید سائنسی تعلیم کی شدید کمی کی طرف توجہ دلائی۔ ان کے تعلیمی نصاب میں علوم اسلامیہ کی تعلیم کے ساتھ ساتھ کیمیا، طبیعات، نباتات، ریاضی، علم ہندسہ وغیرہ پر بھی پورا پورا زور دیا گیا ہے۔ افغانی ان قدامت پرست، روایتی مذہبی علماء میں سے نہیں جو قومی احیاء کے لیے صرف عقائد کی دوستی یا عبادات کی پابندی کی تلقین ہی کو سب کچھ سمجھ لیتے ہیں۔ افغانی جس قدر دین دار ہیں، اسی قدر دنیا دار بھی ہیں۔ وہ تمام تہذیبی کمالات اور معاشی خوشحالیوں سے مستفید ہونا چاہتے ہیں۔ دنیا کی راحتوں میں پوری طرح لذت دینے والے مادیت پرست کی طرح وہ کہتے ہیں:

''معیشت میں کمال اور زندگی میں رفاہیت کمال عقل ونفس کے لیے شرط اعظم ہے۔ یہی اولین سبب ہے انسان کی حرکات عقلیہ اور اسے دائرہ حیوانات سے باہر نکالنے کا۔ یہی بزرگ ترین موجب ہے قبائل اور امم کا بدوبت اور وحشت کی حالت سے تہذیب و تمدن کی طرف انتقال کا۔ یہی علت اول ہے معارف کے انتشار، علوم کی ایجاد، صنائع کے اختراع اور حرفت کے ابداع کی''۔

فلسفہ:

مختلف علوم انہی تہذیبی ضرورتوں کی تکمیل کے ذرائع ہیں۔ ان علوم میں فلسفے نے افغانی کو بہت زیادہ متاثر کیا۔ فلسفے کی اہمیت اور اس سے آشنائی کی ضرورت پر زور دیتے ہوئے بعض وقت افغانی اسے مذہب سے ٹکرا دیتے ہیں اور ایسے فرائض اس کے سپرد کردیتے ہیں جو مذہب کے دائرہ میں سمجھے جاتے ہیں:

''فلسفہ کے ذریعے اخلاق فاضلہ اور محرکات رذیلہ میں تمیز کی جاسکتی ہے، تاکہ اول الذکر سے اپنے آپ کو زینت دے اور مؤخر الذکر سے اپنے آپ کو بچا کر نفسیاتی کمال حاصل کیا جاسکے''۔

نہ صرف انفرادی طور پر فلسفے کا مطالعہ ضروری ہے بلکہ پوری قوم میں ایک ''فلسفی روح'' جاری و ساری رہنی چاہیے۔

''اگر کسی قوم میں حقیقی فلسفی روح پیدا ہوجائے چاہے اس قوم میں ان علوم کا پتہ بھی نہ ہو جن کے موضوع خاص ہیں۔ بلا شبہ یہی فلسفی روح ان تمام دوسرے علوم کے حاصل کرنے کی دعوت دے گی''۔

اگر یہ احساس جسے وہ ''فلسفیانہ روح'' سے تعبیر کرتے ہیں موجود نہ ہو یا اس میں کمی یا کسی قسم کا نقص پیدا ہوجائے تو پھر وہ قدر مشترک غائب ہوجائے گی جو علوم سے استفادے کو ممکن بناتی ہے۔ جب علوم کی قدریں متاثر ہوجائیں تو اس قوم کی تہذیب اور تمدن کی بنیادیں کمزور پڑجاتی ہیں۔ افغانی کے نزدیک فلسفہ نہ صرف انفرادی فکر کی آرائش کرتا ہے بلکہ بہ حیثیت مجموعی کسی قوم کی تہذیب کو سنوارتا، منظم کرتا اور آگے بڑھاتا ہے۔

یہی فلسفے کی تعلیم کا فقدان ہے جو افغانی کی نظر میں اسلامی ممالک کے تعلیمی نظام کے غیر موثر ہونے کا سب سے بڑا ہے۔ وہ اس وقت (وسط انسویں صدی) کے اسلامی تعلیمی نظام پر تنقید کرتے ہیں کہ:

''دولت عثمانیہ اور دولت خدیویہ مصر نے سات سال ہوئے علوم جدیدہ کی تعلیم کے لیے مدرسے کھول رکھے ہیں لیکن اب تک ان علوم سے کوئی فائدہ نہ اٹھا سکے۔ وجہ یہ ہے کہ ان مدرسوں میں علوم فسلفہ کی تعلیم نہیں ہوتی اور فلسفے کی روح نہ ہونے سے ان علوم جدیدہ سے، جنہیں انسانی اعصاء کی طرح ہم آہنگی کے اسٹھ کام کرنا چاہیے تھا، کوئی معتد بہ فائدہ نہیں ہوا۔ بلاشبہ اگر ان مدارس میں روح فلسفہ موجود ہوتی تو وہ اس سات سال کے عرصہ میں بلاد یورپ سے مستغنی ہوجاتے۔ علم کے بل پر اپنے ممالک کی اصلاح کر لیتے، ہر سال اپنی اولاد کو یورپی ممالک نہ بھیجتے اور اپنے مدارس کے لیے وہاں سے استاد طلب نہ کرتے''۔

تجدیدیت کے علم بردار کی حیثیت سے افغانی نے سب سے پہلے مسلمانوں کے نظام تعلیم کی اصلاح کی طرف توجہ کی اور اس کی بنیادی کمزوری کو پہچانا۔ اس میں کوئی شک نہیں کہ اس سے افغانی کی مراد یہ تھی کہ عالم اسلام میں جدید علوم کی طرف توجہ کے لیے باقاعدہ تحریک چلائی جائے اور منظم طور پر اس کا کام آگے بڑھایا جائے۔ مغربی ملکوں کا محض محتاج بن کر رہے سے یہ مقصد حاصل نہیں ہوسکتا۔ حصول علم کے لیے بھی ہر ملک کو خود مکتفی ہونے کی ضرورت ہے۔ مغربی تعلیم کا حصول بذات خود کوئی نقصان رساں بات نہیں لیکن ایسا کرتے ہوئے اپنے قومی وقار کا پورا تحفظ ضروری ہے۔ بصورت دیگر اس کا امکان ہے کہ ایسے تعلیم یافتہ افراد قوم کے لیے تباہی کا ذریعہ ثابت ہوں۔

''قومی کے وہ لوگ جو دوسرے کے عادات و خصائل کو اپنا کر اندھا دھند ان کی تقلید کرتے ہیں، دشمنوں کے لیے قوم کی عمارت میں روشن دانوں اور کھڑکیوں کا کام کرتے ہیں جن کے ذریعے دشمنوں کو داخل ہونے کا راستہ ملتا ہے''۔

آگے چل کر افغانی اس نکتے کو مزید واضح کرتے ہیں۔

''ایسی اندھی تقلید کرنے والے لوگ مخالفوں کی سپاہ کے لیے مقدمۃ الجیش یا پانچویں کالم کا کام سرانجام دیتے ہیں، لوٹ کھسوٹ کرنے والوں کے لیے راستہ ہموار کرتے ہیں اور پھر ان کے آلہ کار بن کر ان کے قدم مضبوط اور ان کے تسلط اور اقتدار کی بنیادیں مستحکم کرتے ہیں صرف اس لیے کہ ان کے نزدیک یہی لوگ علم اور ہنر کے تنہا مالک اور طاقت و قوت کا ناقابل تسخیر مرتبہ رکھنے والے ہیں''۔

(افغانی کے یہ خیالات آج کس قدر صداقت رکھتے

ہیں)

افغانی کی سرسید پر تنقید:

اسی تعلیمی نقطہ نظر کے سلسلے میں افغانی سرسید سے متصادم ہوتے ہیں۔ سرسید کا سب سے بے رحم نقاد افغانی ہی کو کہا جاسکتا ہے، لیکن اس طرز عمل کو ہم بے جا بھی نہیں ٹھہرا سکتے۔ افغانی بنیادی طور پر سرسید کی "مفاہمت" کی پالیسی کو ناپسند کرتے تھے اور اسے مسلمان قوم کے وقار کے منافی خیال کرتے تھے۔ یہی وجہ ہے کہ انہوں نے ایم۔اے۔او کالج کی بھی سخت مخالفت کی۔ وہ سمجھتے تھے کہ اس تعلیمی ادارے کا مقصد انگریزی کے آلہ کار افراد ڈھالنا ہے۔ افغانی کی سرسید پر تنقید کو ممکن ہے قدامت پسند ملاؤں کے عام طرز عمل کے مطابق بتلایا جائے لیکن یہ درست نہیں۔ سطور بالا میں مغربی تعلیم کے لیے ان کی تائید ثابت کیگئی ہے اور ہندوستان میں وہ انگریزی تعلیم کو بذات خود برا نہیں سمجھتے تھے بلکہ انہوں نے اپنے ایک مضمون میں انگریزی کے ذریعے علوم جدیدہ سیکھنے پر بہت زور دیا ہے۔ دراصل افغانی پورے عالم اسلام کو مغربی تسلط سے آزاد کرنا چاہتے تھے۔ ان کے لیے انگریزوں سے (جو ان کے خیال میں مسلمان ممالک کے سخت دشمن تھے) مفاہمت کا تصور ہی محال تھا۔

مسلمانوں کے سماجی اور مذہبی تنزل کے اسباب:

افغانی نے مسلمانوں کے سیاسی و مذہبی تنزل کے دو اسباب تلاش کیے۔ پہلا خارجی نوعیت رکھتا ہے یعنی مغربی ممالک کی استحصالی کارروائیاں۔ دوسرا داخلی یعنی مسلمانوں کا اسلامی اصولوں سے انحراف۔ ان اسباب کی مناسبت سے وہ مسلمانوں کے احیا کو بھی دو محاذوں پر منقسم کرتے ہیں۔ سیاسی اور اصلاحی یا خارجی اور داخلی۔ سیاسی غلامی سے آزاد ہونے کے لیے ضروری ہے کہ مسلمان فوجی اعتبار سے طاقتور ہوجائیں۔ یہ مقصد حل کرنے کے لیے مغربی فن جنگ کا سیکھنا اور جدید عصری آلات حرب کا حصول ناگزیر ہے۔ داخلی طور پر مسلمانوں کی اخلاقی، تعلیمی اور مذہبی اصلاح کے لیے ایک منظم تحریک کے تحت کام شروع ہونا چاہیے۔ اس میں ترجیح جدید علوم کے حصول کو ملتی ہے۔ جب تک سائنسی تعلیم سے مسلمان آراستہ نہیں ہوتے، مسلمانوں کی ترقی ممکن نظر نہیں آتی۔ مسلمان حکومتوں کی کمزوری کے اسباب افغانی کے نزدیک یہ ہیں کہ اولاً مسلمان سلاطین اپنی خودغرضی میں ایک دوسرے کی مخالفت اختیار کیے ہوئے ہیں، ہر مسلمان حکومت کا بااقتدار طبقہ انفرادی جاہ و منصب کے حصول میں قومی مفاد کو نظرانداز کیے جارہا ہے۔ دوم علماء نے عصری ضروریات کو دین کے مطابق پورا کرنے کا فرض بھلا دیا ہے۔

وحدت اسلامیہ:

اسی پہلے سبب کی مطابقت میں افغانی نے اتحاد اسلامی کے نعرے سے عالم اسلام کو روشناس کرایا۔ وہ اسلامی حکومتوں کی پستی کے اسباب پر غور کرکے اسی نتیجے پر پہنچے تھے کہ جب تک تمام اسلامی حکومتیں کسی ایک اتحادی زنجیر میں ایک دوسرے سے بندھ نہیں جاتیں، ان کی ترقی غیر ممکن ہے۔ یہ خیال غلط ہے کہ افغانی سلطان عبدالحمید کے آلہ کار بن کر انہیں عالم اسلام کا خلیفہ یا باالفاظ دیگر بادشاہ بنادینا چاہتے تھے۔ زیادہ صحیح طور پر یہ کہا جاسکتا ہے کہ وہ ایک Confederation کے حامی تھے جس میں قرآنی احکام کا چلن ہو۔

> "ان باتوں سے میرا یہ مقصد نہیں کہ ان تمام ممالک میں کسی شخص واحد کی حکمرانی تسلیم کی جائے کیونکہ ممکن ہے یہ امر مشکل نظر آئے، لیکن میں یہ ضرور چاہتا ہوں کہ ان سب پر قرآن کا حکم غالب رہے اور سب مذہب اسلام کو اپنے اتحاد واتفاق کا ذریعہ بنالیں"۔

یہ اتحاد خاص سیاسی اقتدار کا مظہر ہی نہ ہو بلکہ اس کے ساتھ ساتھ متوازی طور پر علمائے عالم اسلام بھی ایک مرکزی

تنظیم کی شکل اختیار کرلیں۔ افغانی کے نزدیک علم اور سیاست کا اتحاد قومی ترقی کے لیے ازحد ضروری ہے۔ ملتا سلامیہ کے زوال کا آغاز اسی وقت سے شروع ہو گیا جبکہ ''خلافت کے رتبے سے علم کا رتبہ جدا ہو گیا'' چنانچہ علماء کے اتحاد کے بارے میں وہ یہ تجویز پیش کرتے ہیں:

''کرۂ ارض کے مختلف مقامات کے علماء اور امام ایک دوسرے سے ربط پیدا کریں، اپنے اپنے ملک میں اپنی تنظیم اور اتحاد کے مراکز قائم کریں جہاں اپنے اجتماعی اور اتحاد سے متعلق مسائل وحالات پر سوچ بچار کرنے کے لیے جمع ہو سکیں۔ قرآن اور سنت کے بتائے ہوئے مقام کی طرف عوام کی رہنمائی کریں۔ ان مختلف تعلیمات کو پھر ایک ادارہ سے وابستہ کریں جس کا مرکز بیت اللہ شریف ہو''۔

علماء:

اس تجویز کے قابل عمل ہونے سے انکار نہیں کیا جاسکتا اور پھر جن علماء کے اتحاد پر افغانی زور دے رہے ہیں، وہ روایتی قدامت پسند علماء نہیں، بلکہ ان کے لیے شرط ہے کہ وہ علوم اسلامیہ کے عالم ہونے کے ساتھ ساتھ علوم جدیدہ سے بھی کما حقہ واقفیت رکھتے ہوں۔ روایتی علماء پر افغانی نے شدید حملے کیے ہیں۔ جدید علوم کے متعلق علماء کے منفی رجحان کی مذمت کرتے ہوئے کہتے ہیں:

''علماء نے علم کی دو قسمیں کر رکھی ہیں۔ مسلمانوں کا علم اور فرنگیوں کا علم۔ حالانکہ انسانوں کو علم سے نسبت دینی چاہیے نہ کہ علم کو انسانوں سے۔ وہ اسی جگہ دلائل پیش کریں گے جہاں علوم ومعارف کے سیکھنے سے منع کرتا ہوتا ہے اور بزعم خود اس کو اسلامی دین داری اور حفاظت دین سے تعبیر کرتے ہیں۔ درحقیقت وہ تو اسلامی دین داری کے دشمن ہیں''۔

یا علماء کی بے علمی کو یوں نمایاں کرتے ہیں:

''عجیب بات تو یہ ہے کہ ہمارے علماء صدری اور شمس البازغہ پڑھتے ہیں اور فخر سے خود کو حکیم نام دے لیتے ہیں اور اس کے باوجود اپنے دائیں اور بائیں ہاتھ کا فرق نہیں جانتے اور کبھی یہ نہیں غور کرتے کہ ہم کون ہیں، کیا ہیں۔ بے تار برقی سمندری جہاز اور ریلوں کے بارے میں علم حاصل نہیں کرتے۔ عجیب تر بات یہ ہے کہ شام سے صبح تک لالٹین جلائے شمس البازغہ کا مطالعہ فرماتے ہیں اور کبھی اس نکتے پر توجہ نہیں جاتی کہ اگر لالٹین کا فانوس ہٹا دیا جائے تو وہ دھواں کیوں دینے لگتا ہے اور فانوس اپنی جگہ رکھنے پر دھواں غائب کیوں ہو جاتا ہے''۔

افغانی اسلام کو جدید علوم کے حصول میں رکاوٹ نہیں بلکہ اس کا مرتبہ گردانتے ہیں:

''قواعد طبعیہ، دلائل ہندسیہ اور براہین فلسفہ یہ سب کے سب بدیہات ہیں۔ اس لیے اگر کوئی یہ کہے کہ میرا دین بدیہات کے منفی ہے تو گویا خود اس نے اپنے دین کا بطلان کر دیا''۔

جہاں تک افغانی کی زندگی میں ان کے مشن کی کامیابی کا تعلق ہے افغانی کی آرزو پوری نہ ہو سکی، لیکن وہی کامیابی ان کی موت کے بعد ظہور پذیر ہونے لگی۔ ایران، ترکی، مصر اور دوسرے عرب ملکوں میں داخلی قومی تحریکوں، عرب قومیت، اتحاد اسلامی وغیرہ کے نعرے، سب کا رشتہ افغانی ہی کے مشن سے جا ملتا ہے۔ نہ صرف اسلامی قومیت کا احساس دلانے میں انہوں نے قومیت کا احساس دلانے میں انہوں نے پیش قدمی کی تھی بلکہ یہ کہنا غلط نہ ہوگا کہ جمال الدین افغانی پہلی

ہستی تھی جس نے مغرب کے مقابلے میں ایشیا کی وحدت، ایشیائی وقار اور مشرق کے وجود پر اصرار کیا۔ سلطان عبدالحمید کے قید خانے سے ان کی موت سے چند روز پیشتر کے خط میں انہوں نے پیش گوئی کردی تھی کہ ''سیل تجدد بسرعت بطرف مشرق جاریست''۔ افغانی کے مشہور ''عروۃ الوثقٰی'' کے ایک اداریے سے بھی روشنی پڑتی ہے:

> ''ہمارا یہ اخبار کبھی کبھی مسلمانوں کا ذکر خصوصیت سے کرتا ہے اور صرف ان کے حقوق کی طرف سے مدافعت کرتا ہے مگر اس سے یہ نہ سمجھا جائے کہ اخبار کا مقصد مسلمانوں کے درمیان اور ان وطنی پڑوسیوں کے درمیان اختلاف کا بیج بونا ہے .... ہمارا مقصد تو مشرق کے عام باشندوں کو عموماً اور مسلمانوں کو خصوصاً اجنبیوں کی دست درازی سے ڈرانا ہے۔ کبھی کبھی ہم خالص مسلمانوں کو اس لیے مخاطب کرتے ہیں کہ جہاں اجنبیوں نے خیانت شروع کی ہے اور وہاں کے باشندوں کو ذلیل کیا ہے، وہاں کے محاصل پر قبضہ کیا ہے، وہاں کے اکثر باشندے مسلمان ہیں''۔

اہل مشرق کی مغرب میں پہلی نمائندگی کرنے والے کو اس وقت کیا خبر تھی کہ موت کے بعد نصف صدی کے اندر اندر ہی اسلامی فکر انہی خطوط پر مشرق وسطیٰ میں بیدار ہونے لگے گی جس کی نشان دہی وہ اپنی زندگی میں کر چکا تھا۔

تفصیلی تحقیقاتی مطالعے کے لیے دیکھیے:

Jamal al-Din al-Afghani: A Muslim Intellectual of the East, Insitute of Objective Studies, New Delhi, 2017

سلیمان زارع (ایرانی)

حافظ شیرازی اور غالب دہلوی کا مختصر تقابلی مطالعہ

جب آٹھویں صدی ہجری قمری کے عظیم شاعر یعنی فارسی زبان کے بادشاہ غزل خواجہ شمس الدین محمد حافظ شیرازی اور میرزا اسداللہ خان غالب دہلوی کی سوانح عمری اور شاعری پر نظر دوڑائی جائے تو ان میں بہت مشابہتیں نظر آتی ہیں۔ اس مقالے میں ان مشابہت اور مماثلت کا مختصر طور پر جائزہ لینے کوشش کی گئی ہے۔ ترجمان البلاغت لسان الغیب خواجہ شمس الدین محمد حافظ شیرازی سنہ 720ھ مطابق 1320ء شیراز میں پیدا ہوئے۔ آپ کے دادا اصفہان کے مضافات کے رہنے والے تھے۔ اتابکان فارس کے وقتوں میں شیراز میں آئے۔ اور وہیں سکونت اختیار کرلی۔ بچپن ہی میں خواجہ صاحب کے والد خواجہ بہاء الدین انتقال کر گئے۔ اس لئے تھوڑے عرصے میں ہی باپ کی کمائی اڑ گئی۔ گھر میں فاقے ہونے لگے۔ خواجہ صاحب سن شعور کو پہنچے تو خمیر بنانے کا پیشہ (خبازی) اختیار کیا۔ آدھی رات سے اٹھ کر صبح تک خمیر گوندھتے۔ گھر کے پاس ہی ایک مکتب تھا، جس میں محلے کے سب لڑکے تعلیم حاصل کرتے تھے۔ خواجہ صاحب جب اس منظر کو دیکھتے تو ان کے دل میں بھی تعلیم کا شوق پیدا ہوتا۔ رفتہ رفتہ یہ شوق اس قدر پروان کہ مکتب میں داخل ہو گئے۔ خمیری سے کچھ حاصل ہوتا تو اس میں سے ایک تہائی ماں کو اور ایک تہائی معلّم کو دیتے۔ بقیہ خیرات کر دیتے، انہوں نے مکتب میں قران مجید حفظ کیا۔ یہی مناسبت آپ کے تخلص کا موجب بنی۔ اس زمانے میں شعر و شاعری کا گھر گھر چرچا تھا۔ خواجہ صاحب نے بھی طبع آزمائی کی۔ شروع میں چونکہ طبیعت موزوں نہ تھی آپ کے بے تکے اشعار اور لغو گوئی کا جگہ جگہ مذاق اڑایا جاتا تھا۔ دو سال تک یہی حالت رہی۔ ایک دن حد سے زیادہ رنجیدہ ہوئے تو بابا کے مزار پر جا کر پھوٹ پھوٹ کر رونے لگے۔ رات کو خواب میں دیکھا کہ ایک بزرگ ان کو لقمہ کھلاتے ہیں اور کہتے ہیں: ”جاؤ اب تجھ پر تمام علوم کے دروازے کھل گئے۔ نام دریافت کیا تو معلوم ہوا کہ حضرت خضر علیہ السلام ہیں۔ صبح کو اٹھے تو اپنی شہرہ آفاق غزل لکھی جس کا مطلع یہ ہے۔

دوش وقت سحر از غصہ نجاتم دادند
واندر ان ظلمت شب آب حیاتم دادند
چہ مبارک سحری بود و چہ فرخندہ شبی
آن شب قدر کہ این تازہ براتم دادند

(غزل 191)

یعنی: گذشتہ رات صبح کے وقت انہوں نے مجھے غم سے نجات دیدی/ اور اس تاریکی میں انہوں نے مجھے آب حیات دے دیا۔ کیا بابرکت صبح تھی اور کیا مبارک رات تھی وہ قدر کی رات جس نے مجھے تازہ دستاویز دے دی۔

غالب اور حافظ کے سیاسی و سماجی دور بھی یکسانیت کے حامل ہیں۔ دونوں شعراء اپنے دور کے چار دور حکومت کے شاعر تھے۔ حافظ نے مغل کے چار سلاطین کے عہدِ حکومت کی تبدیلیاں دیکھیں یعنی ابواسحاق۔ مبارز الدین محمود۔ شاہ شجاع اور شاہ منصور جو شاہ شجاع کا بھتیجا تھا۔ ان چار سلاطین آل انجو، مظفریان اور تیموریان کے عہد کے بادشاہ تھے۔ غالب نے بھی

چاردور حکومت یعنی مغل بادشاہوں سے شاہ عالم ثانی، اکبر شاہ اور ابوظفر بہادر شاہ کا دور اور انگریزوں کی آمد کے دور کو دیکھا تھا۔

حافظ اور غالب کے اشعار میں قرآن پاک کی تاثیر:

مثال کے طور پر حافظ کا کہنا ہے:

آسمان بار امانت نتوانست کشید
قرعہ فال بہ نام من دیوانہ زدند

(دیوان حافظ، غزل189)

یعنی: آسمان امانت کا بوجھ نہ اٹھا سکا/ مجھے دیوانے کے نام، انہوں نے فال کا قرعہ نکال دیا۔

اسی بات کو غالب بھی اسی طرح بیان کرتے ہیں:

گرنی تھی ہم پہ برق تجلی نہ طور پر
دیتے ہیں بادہ ظرف قدح خوار دیکھ کر

خواجہ میر درد بھی اپنے شعر میں فرماتے ہیں:

ارض و سماء کہاں تیری وسعت کو پا سکے
یہ میرا ہی دل ہے جہاں تو سماء سکے

دوسری آیت میں اللہ تعالی کا کہنا ہے:

إِنَّمَا الْحَيَاةُ الدُّنْيَا لَعِبٌ وَ لَهْوٌ وَ إِنْ تُؤْمِنُوا وَ تَتَّقُوا يُؤْتِكُمْ أُجُورَكُمْ وَ لَا يَسْئَلْكُمْ أَموا لكم (سورہ محمد (ص) آیت36)۔

یعنی: بس دنیا کی زندگی تو محض کھیل اور تماشا ہے، اور اگر تم ایمان لے آؤ اور تقویٰ اختیار کرو تو وہ تمہیں تمہارے (اعمال پر کامل) ثواب عطا فرمائے گا اور تم سے تمہارے مال طلب نہیں کرے گا۔

اس بارے میں حافظ شیرازی کا شعر ہے:

در این مقام مجازی بہ جز پیالہ مگیر در این سراچہ بازیچہ غیر عشق مباز

(غزل259)

یعنی: اس مجازی مقام میں (دنیا) پیالے کے سوا نہ تھام اور اس کھیل کود کی سرائے میں عشق کے علاوہ کوئی کھیل نہ کھیل۔

غالب بھی اسی بات کو اپنے شعر میں اس طرح بیان کرتے ہیں۔

بازیچہ اطفال ہے دنیا میرے آگے
ہوتا ہے شب و روز تماشا میرے آگے

(غزل229، نوائے سروش)

ریاکار اور دھوکا باز واعظ کے بارے میں حافظ شیرازی اور غالب دہلوی کا خیال ایک جیسا ہے۔ اس بارے میں حافظ کا کہنا ہے:

واعظ ان کاین جلوہ در محراب و منبر می کنند
چون بہ خلوت می روند آن کار دیگری کنند

(دیوان حافظ، غزل199، سطر1، ص 142)

یعنی: یہ واعظ حضرات جو کہ محراب اور منبر پر جلوہ افروز ہوتے ہیں جب خلوت میں جاتے ہیں تو وہاں کچھ اور ہی کام کرتے ہیں۔

یہی مطلب غالب کے بیان میں بھی نظر آتا ہے۔

کہاں میخانہ کا دروازہ غالبؔ اور کہاں واعظ
پر اتنا جانتے ہیں کل وہ جاتا تھا کہ ہم نکلے

(غالب، غزل23، بیت9)

یعنی واعظ کو میخانے اور شراب نوشی سے کیا تعلق۔ ہاں اتنی بات ہمیں معلوم ہے کہ کل وہ دہر جاتا تھا اور ہم وہاں سے نکلے تھے۔

گویا میدان خالی دیکھ کر چوری چھپے پینے کی عادت ہوگی۔

شعر رندانہ ہے مگر اسلوب بیان بہت دلکش اور نادر ہے۔

حافظ اور غالب کی زندگی کا ایک اہم واقعہ یہ ہے کہ

ان کے فرزند عزیز جوانی میں انتقال کر گئے اور اپنے باپ کو داغ مفارقت دے گئے۔ لیکن اس کے باوجود ان کے دل سے اپنے گھر اور اہل خانہ کی محبت کم نہ ہوئی۔ چنانچہ خود کہتے ہیں:

دلا دیدی کہ آن فرزانہ فرزند
چہ دید اندر خم این طاق رنگین
بجای لوح سیمین در کنارش
فلک بر سر نہادش لوح سنگین

(رباعی)

معنی: کیا اے دل تو نے دیکھا کہ یہ عقلمند بیٹا عالم ہستی میں اس نے کیا محسوس کیا کہ؟ اپنے ساتھ چاندی تختی (معشوق) کے بجائے فلک نے اس کے سر پر لوح مزار رکھا۔

مرزا صاحب کی کوئی اولاد نہ تھی۔ ابتدا میں سات بچے پے در پے ہوئے، مگر کوئی زندہ نہیں رہا، اس لیے ایک مدت سے وہ اور ان کی بیوی تنہا زندگی بسر کرتے تھے۔ مگر غدر سے چند سال پہلے ان کی بیوی کے بھانجے زین العابدین خان عارف کا انتقال ہو گیا، اور ان کے دونوں بچے ایک باقر علی خان اور دوسرے حسین علی خان صغیر سن رہ گئے۔ تو مرزا اور ان کی بیوی نے چھوٹے لڑکے حسین علی خان کو حقیقی اولاد سے بھی کچھ بڑھ کر عزیز رکھتے تھے اور کبھی آنکھ سے اوجھل نہیں ہونے دیتے تھے اور حد سے زیادہ ناز برداری کرتے تھے۔ غالب مرثیہ عارف کے ایک حصے میں کہتے ہیں:

ہاں اے فلک پیر! جوان تھا ابھی عارف
کیا تیرا بگڑتا جو نہ مرتا کوئی دن اور

غالب کے برخلاف حافظ نے لمبے لمبے سفر نہیں کیے۔ دکن کے بہمنی سلاطین کے پانچویں حکمران محمود شاہ بن حسن (769-780ھ) نے جو علم دوست اور ادب پرور تھا، حافظ کو اپنے ملک میں بلانا چاہا، محمود شاہ نے اس کو دعوت دیتے ہوئے زاد راہ بھی روانہ کیا، حافظ دکن کے ارادے سے کشتی میں سوار ہوئے اور کشتی طوفان میں پھنس گئی، لیکن کشتی بندر ہرمز واپس آئی، یعنی صرف ایک مختصر سا سفر جو انھوں نے بندر ہرمز تک اور ایک سفر یزد تک کیا تھا اور باقی عمر وہ شیراز ہی میں مقیم رہے۔ میر فضل اللہ کو، جس کے توسط سے شاہ محمود نے انہیں زاد راہ بھیج کر بلایا تھا۔ یہ غزل لکھ کر بھیج دی:

دمی با غم بسر بردن جہان یکسر نمی ارزد
بہ می بفروش دلق ِ ما کزین بہتر نمی ارزد
بہ کوی می فروشانش بہ جامی بر نمی گیرند
زہی سجادہ ی تقوی کہ یک ساغر نمی ارزد
شکوہ تاج سلطانی کہ بیم جان درو درج است
کلاہ ِ دلکش ست اما بدردِ سر نمی ارزد
رقیم سر زنشہا کرد کز این باد سر بہ تاب
چہ افتاد این سر ما را کہ خاک ِ در نمی ارزد

(غزل13)

یعنی: تھوڑی دیر بھی غم میں بسر کرنا، تمام دنیا کے بدلے میں تاب نہیں۔ جاری گدڑی شراب کے عوض بیچ دو اس سے بہتر قیمت کے لائق نہیں ہے۔

مے فروشوں کے کوچے میں اس کو ایک جام میں بھی نہیں لیتے ہیں۔ سبحان اللہ، تقوی کہ کیا مصلے ہے کہ ایک ساغر کے بھی لائق نہیں۔

شاہی تاج کا دبدبہ جس میں جان کا خوف بھی ہے۔ دلکش ٹوپی ہے، لیکن دردِ سر کے لائق نہیں۔

رقیب نے مجھے جھڑکیاں دیں، کہ اس باب سے سرشار ہے۔ اس ہمارے سر کو کیا ہوا دروازہ کی خاک کے لائق نہیں۔

آخر میں یہ بات قابل ذکر ہے دونوں شعراء کا واقعہ وفات بھی ایک جیسا ہے۔

یہ روایت مشہور ہے کہ حافظ کے انتقال کے بعد بعض فقہانے کہا کہ ان کے اعلانیہ فسق کی وجہ سے ان کی نماز جنازہ جائز نہیں۔ شیراز شہر کے لوگوں کے درمیان اختلاف ہوا کہ اسے مسلمانوں کے طریقے سے دفنانا چاہیے یا غیر مسلمانوں کے روش اور طریقے سے۔ شاہ منصور والی شیراز بھی جنازے کے ساتھ تھا۔ اس نے شہر کے فقیہوں سے کہا کہ اس کی بے دینی ثابت کرو۔ انھوں نے کہا اس کا دیوان اٹھا کر کہیں سے ورق الٹ لیجیے، جب دیوان کھولا گیا تو صفحے پر سب سے پہلا یہ شعر تھا:

قدم دریغ مدار از جنازہ حافظ
کہ گرچہ غرق گناہ است، می رود بہ بہشت

(غزل39)

یعنی: حافظ کے جنازے کے پیچھے قدم اٹھاؤ اور آؤ اگر چہ حافظ ایک گنہ گار آدمی ہے، لیکن اس کے باوجود جنت میں جائے گا۔

اسی طرح جب غالب نے وفات پائی، تو لوگوں کے درمیان اختلاف ہوا، بعض لوگوں نے کہا غالب شیعہ تھا۔ اس لیے شیعوں کے مطابق تکفین اور تدفین کرنا ہے اور بعض لوگوں نے یہ بھی کہنا شروع کیا کہ اہل سنت کے طریقے کے مطابق تکفین اور تدفین کرنا ہے۔ مگر ہوا یہ کہ شیعہ اور سنی دونوں مل کر یا علیحدہ علیحدہ ان کے جنازے کی نماز پڑھتے اور جس طرح زندگی میں ان کا برتاؤ سنی اور شیعہ دونون کے ساتھ یکساں رہا، اسی طرح مرنے کے بعد بھی دونوں فرقے ان کی حق گزاری میں شریک ہوتے۔

کتابیات:

6-83-30161-ذبیح اللہ صفا، فارسی ادب کے ارتقاء کی مختصر تاریخ، انتشارات امیر کبیر، تہران، 2000ء ص 31
2-حالی خواجہ الطاف حسین، یادگار غالب، ناشر ثمر آفسٹ پرلیس، دہلی 1986ء، ص-16-112-148-162-192
3-افشار، ایرج، دیوان کہنہ حافظ، انتشارات امیر کبیر، تہران، 1366ھ ش
4-عرشی، امتیاز علی خان، دیوان غالب اردو، ناشر مجلس ترقی ادب لاہور، 1992ء
5- 5- 4-نعمانی، علامہ شبلی، شعر العجم، حصہ دوم، ناشر دار المصنفین شبلی اکیڈمی، اعظم گڈھ؟ 2011ء ص 371-

صالحہ صدیقی

خواتین قلمکاروں کی کہانی (خودنوشتوں کا مطالعہ)

مرد قلمکاروں کی طرح عورتوں نے بھی دیگر صنف سخن کی طرح خودنوشتیں لکھی ہیں، جو صرف ان کی آتم کتھا ہی نہیں بلکہ تاریخی دستاویز کی حیثیت رکھتی ہے۔ان خودنوشتوں میں اس عہد کی سیاسی ،سماجی ،معاشی ،معاشرتی ،تہذیبی ،ثقافتی اور روزمرہ کی زندگی کا عکس صاف دکھائی دیتا ہے۔ان خواتین قلمکاروں کی ایک طویل فہرست ہمیں ابتداً ہی سے نظر آتی ہیں۔اگر ابتدائی دور کی بات کی جائے تو سابق ریاست بھوپال کی حکمراں نواب سلطان جہاں بیگم حیا(۱۸۵۸ء تا ۱۹۳۰ء) کے خودنوشت حالات زندگی مانی جاتی ہے۔انھوں نے اپنی زندگی کے حالات چار جلدوں میں تحریر کیے ہیں۔(۱) تزک سلطانی۔ اس میں ان کی پیدائش ۱۸۵۸ء سے مسند نشینی ۱۹۰۱ء تک حالات وکوائف درج ہیں۔(۲) گوہر اقبال (۱۹۱۳ء) میں مسند نشینی ۱۹۰۱ء سے ۱۹۰۸ء سالہ دور حکومت کے حالات ہیں۔ اختر اقبال (۱۹۱۴ء) میں ۱۹۰۹ء سے ۱۹۱۴ء تک کے حالات ہیں اور (۴) ضیاء اقبال (جو شائع نہ ہو سکی) اس میں ۱۹۱۴ء کے بعد کے حالات ہیں۔اس کے بعد خواتین کی آپ بتیاں بیسویں صدی میں نظر آئیں ،صغریٰ بیگم ہمایوں مرزا (۱۸۸۴ء تا ۱۹۵۹ء) نذر سجاد حیدر (۱۸۹۴ء تا ۱۹۶۷ء) اور حجاب امتیاز علی (۱۹۰۳ء) نے اپنے کچھ حالات زندگی تحریر کیے جو رسائل میں شائع ہوئے۔ان کی کوئی مستقل خودنوشت شائع نہیں ہوئی۔اس کے بعد ۱۹۴۲ء میں پنجاب کی ایک خاتون وزیر سلطان کی خودنوشت، نیرنگیٔ بخت (ناشر ذکاء اللہ حسین جالندھر) منظر عام پر آئی۔ یہ کوئی مشہور ادبی شخصیت نہیں ہوئی یہ ہندوستان کی دیگر عورتوں کی طرح ایک عام گھریلو خاتون تھی جن کی زندگی نہایت مصائب و پریشانیوں میں گزری ان کا تعلق کابل کے شاہی خاندان سے تھا۔ان کی شادی ایک نوجوان سے ہوئی لیکن وہ خوشگوار ثابت نہ ہو سکی۔ سسرال اور خاوند کے ظلم وستم کے باعث ان کو عدالت کا دروازہ کھٹکھٹانا پڑا۔ان کی یہ کہانی بڑی دلدوز ہے،اسی سال ۱۹۴۲ء میں پنجاب کی ایک مشہور ایکٹریس بملا کماری جس کا نام پریما تھا ان کی خودنوشت ایک ایکٹریس کی آپ بیتی کے نام سے نرائن دت سہگل لاہور نے شائع کیا۔اس طرح آزادی تک اور کچھ خواتین نے بھی اپنی مختصر آپ بیتیاں لکھی ہوں گی جو مشہور نہ ہو سکیں۔اردو میں خواتین کی آپ بیتی نگاری پر آزادی برصغیر ۱۹۴۷ء کے بعد بہار آئی اور ۱۹۴۷ء تا ۲۰۰۰ء (اور اکیسویں صدی کے اوائل میں بھی) کئی خواتین نے اپنی مختصر یا طویل آپ بیتیاں تحریر کیں ،شائع کیں، کئی غیر زبانوں کی خواتین کی خودنوشتوں کے تراجم بھی ہوئے۔ان میں ہندوستان سے تعلق رکھنے والی خواتین کی آپ بیتیاں کافی اہم ہیں۔آزادی کے بعد ہندوستان میں اردو میں متعدد مرد و خواتین کی چھوٹی بڑی آپ بیتیاں شائع ہوئی ہیں۔جن میں عہد حاضر کی مشہور اردو شاعرہ عزیز جہاں بدایونی، المتخلص بہ اداؔ کی نوشت انفرادی وامتیازی حیثیت رکھتی ہے۔اداؔ جعفری کا نام عزیز جہاں تھا۔شادی سے قبل اداؔ بدایونی کے نام سے مشہور تھی۔نورالحسن جعفری صاحب سے شادی کے بعد ادا جعفری نام اختیار کر لیا۔وہ ۱۹۲۴ء میں اتر پردیش کے مردم خیز شہر بدایوں میں ایک معزز گھرانے میں پیدا ہوئی۔ابتدائی وثانوی تعلیم کے بعد ۱۹۴۰ء میں انٹرنس پاس کیا۔شاعری کا شوق تھا۔۱۹۳۶ء میں پہلے اختر شیرانی سے مشورہ سخن کیا پھر نواب جعفر علی خاں اثرؔ سے اصلاح سخن لی، وہ غزل نظم دونوں پر قدرت رکھتی ہیں کلام جرائد میں بکثرت شائع ہوئے۔کلام کے مجموعے میں ساز ڈھونڈتی رہی۔شہر درد،غزالاں تم تو واقف ہو۔ساز سخن بہانہ،اور انتخاب کلام ساز سخن شائع ہوئے۔اپنی خودنوشت میں ادا جعفری نے اپنی توجہ کا مرکز صرف اپنی ذات کو ہی نہیں بلکہ عہد وماحول کو بھی بنایا ہے۔اسمیں دو تصویریں ہیں۔پہلی بدایوں کی الجھے بال والی کمسن لڑکی جس کی دنیا اس پھاٹک کے اندر تھی جسے ٹونک والوں کا پھاٹک کہا جاتا تھا۔ جہاں زنجیر تک کو دستک کی اجازت نہ تھی۔اس کے آنچل میں تنہائی اور اداسی

تھی۔ زندگی کی مسرتیں نہ تھیں۔ دوسرے تصویر جس میں اسے زندگی کی مسرتیں ملیں جسے اس نے دوسرے جنم کا نام دیا ہے۔

آدا نے اپنے حالات زندگی ایک ڈائری میں محفوظ کر لئے تھے جو ۱۹۴۷ء کے خونریز فسادات اور تباہی و بربادی میں برباد ہوگئے۔ لیکن آدا جعفری نے اپنے وقت کے تمام حالات کوائف حادثات واقعات شخصیات سے حاصل کردہ تاثرات کو مخصوص دلکش انداز میں محفوظ کرلیا۔

اردو خودنوشت نگاروں میں ایک اور اہم نام بیگم انیس قدوائی کا ہے جن کی خودنوشت "آزادی کی چھاؤں میں" قومی ایکتا ٹرسٹ نئی دہلی نے ۱۹۷۵ء میں شائع کیا۔ وہ اردو کے مشہور و معروف مزاح نگار ولایت علی بمبوق کی بیٹی تھیں۔ ان کی شادی شفیع احمد قدوائی سے ہوئی۔ وہ ان کے ساتھ دہلی آ کر رہیں۔ آزادی ۱۹۴۷ء کے فسادات کے دوران۔ ان کے شوہر شفیع احمد قدوائی قیام امن کی کوششوں کے دوران، مسوری میں شرپسندوں کے ہاتھوں شہید کر دیئے گئے تھے۔ فسادات کے دوران انیس قدوائی نے حالات کی خرابی دور کرنے۔ فساد زدگان کی امداد کرنے، پناہ گزینوں کے کیمپ لگانے، ان کی مدد کرنے انہیں بچانے، ان کی حفاظت اور ان کی بازآبادکاری کے لئے عملی طور پر خدمات انجام دیں۔ انہوں نے ان روح فرسا حالات اور انسانوں کی تباہی و بربادی کو اپنی نظروں سے دیکھا۔ ان کے اثرات محسوس کئے اور اپنے تاثرات کو ایک کتاب کی شکل میں قلمبند کیا۔ یہ ان کی یادنگاری (MEMOIRS) کی طرز کی خودنوشت ہے۔ اس میں ۱۹۴۷ء ملک کے اردگرد کے حالات و کوائف، ذاتی تجربات و مشاہدات بڑے دلدوز و انصاف پسندانہ انداز میں بیان کئے گئے ہیں۔ نہایت غیر جانبداری و معروضی انداز میں انہیں پیش کیا گیا ہے۔

آدا دارِ فانی سے کوچ کر گئیں پر آپ بیتی مکمل نہ ہوسکی۔ اس کا مسودہ ان کی بیٹی کشور کے پاس تھا اسے انور صدیقی کی پیش گفتار کے ساتھ ۱۹۸۳ء میں شائع کیا گیا۔

اسی طرح بانو سرتاج نے اپنی باقاعدہ مکمل و مفصل سرگزشت ابھی تو قلمبند نہیں کی، لیکن انہوں نے اپنے حالات مختصراً کسی کسی جگہ ضرور تحریر فرمائے ہیں جیسے رسالہ پاکیزہ آنچل کے ایک شمارے میں یا رسالہ شاعر کے شمارہ نومبر ۲۰۰۶ء میں یا ڈاکٹر محمد سعد اللہ صاحب کے ریسرچ انسٹی ٹیوٹ (جلگاؤں بلڈانہ) کے تحقیقی کاموں کے سلسلے میں وغیرہ۔ ان کے ذریعے ان کے حالات وکوائف معلوم ہوتے ہیں۔ یہ تحریریں ان کی آپ بیتی نگاری کا نمونہ کہی جاسکتی ہیں۔ اس سے ان کی زندگی کے حالات و کوائف، سروس اور ادبی سرگرمیوں پر روشن پڑتی ہے لیکن عہد و ماحول، سماج و معاشرت کے سماجی سیاسی معاشرتی حالات و شخصیات وغیرہ پر روشنی نہیں پڑتی۔

اردو کے مشہور ادیب اختر حسین رائے پوری (۱۲، جون ۱۹۱۲ء ہم سفر ۱۰، اپریل ۱۹۹۲ء) کی اہلیہ بیگم حمیدہ اختر کوئی ادبی شخصیت نہیں رہیں لیکن انہوں نے اپنی خودنوشت "ہم سفر" کے عنوان سے لکھ کر اپنی ایک ادبی یادگار ضرور چھوڑی ہے۔ اسے اردو آپ بیتیانہ ادب اور خواتین کی آپ بیتی نگاری میں ایک قابلِ قدر اضافہ قرار دیا گیا ہے۔

اختر حسین رائے پوری نے ۱۹۳۵ء میں مسلم یونیورسٹی سے تاریخ میں ایم، اے اور ۱۹۴۰ء میں پیرس یونیورسٹی سے ہند قدیم کی تاریخ میں پی ایچ ڈی کی ڈگری حاصل کی تھی۔ ۱۹۳۵ء تا ۱۹۳۷ء میں انجمن ترقی اردو میں معاون رہے پھر آل انڈیا ریڈیو میں رہے اور آزادی کے بعد پاکستان چلے گئے تھے۔ یونیسکو میں بھی خدمات انجام دیں۔ ۱۹۹۲ء میں انتقال کیا۔

بیگم حمیدہ اختر بھی ان کے ہمراہ رہیں۔ ہندوستان میں پاکستان میں بھی ان کی یہ کتاب شائع ہوئی ہے۔ یہاں عموماً دستیاب نہیں۔ بیگم حمیدہ اختر کی یہ خودنوشت (Memoris) کا رنگ لئے ہوئے ہے۔ اسے انہوں نے یادوں کے سہارے ترتیب دیا ہے۔ بڑی سادگی سچائی ایمانداری کے ساتھ عام بول چال کی سادہ شیریں زبان میں اپنی زندگی کی تلخ و شیریں یادوں کو سمویا ہے۔ اختر حسین اپنے عہد کے ممتاز و معروف ادیب نقاد، صحافی و مترجم تھے۔ ان کے تعلقات اپنے عہد کے ممتاز ادبا و شعراء، صحافیوں و افسران حکومت و سیاسی رہنماؤں سے رہے۔

ان کے ادب پر جدید تصورات و رجحانات کا گہرا اثر تھا۔

آپ بیتی میں مہاتما گاندھی، جواہر لال نہرو، سروجنی نائیڈو، گووند ولبھ پنتھ، جیسی سیاسی شخصیتوں کے ساتھ مولوی عبدالحق، قاضی

عبدالغفار اور کئی مقتدر ادبی شخصیات کے تعلقات و تاثرات کا بے تصنع انداز میں تذکرہ کیا گیا ہے۔

جیلانی بانو کا شمار عہد حاضر کی مشہور و معتبر خواتین ادباء، افسانہ و ناول نگاروں میں ہوتا ہے۔ وہ مشہور شاعر علامہ سید حسن حیرت بدایونی (۱۸۹۶ء۔ ۱۹۷۵ء) کی صاحب زادی اور ڈاکٹر انور معظم (سابق صدر شعبہ اسلامک اسٹڈیز عثمانیہ یونیورسٹی) کی اہلیہ ہیں۔ ۱۴، جولائی ۱۹۳۶ء کو حیدرآباد میں پیدا ہوئیں۔ جامعہ ملیہ اسلامیہ دہلی سے اردو میں ایم اے کیا۔ حیدرآباد میں مقیم ہوئیں۔ ۱۹۵۳ء سے افسانے لکھ رہی ہیں۔

ان کے کئی مجموعے شائع ہوئے ہیں۔ ان کے ناول ایوان غزل، نغمے کا سفر، وغیرہ مشہور ہوئے۔ انہیں کئی اعزازات و انعامات سے نوازا جا چکا ہے۔

جیلانی بانو نے اپنی مختصر آپ بیتی تحریر کی ہے۔ جو رسالہ فن و شخصیت کے آپ بیتی نمبر میں بھی شائع ہوئی تھی۔ یہ آپ بیتی کم اور یادوں کا مرقع زیادہ ہے۔ اس میں ان کی کچھ بچپن کی یادیں ہیں کچھ جوانی کی۔ کچھ ذات سے متعلق ہیں کچھ عہد و ماحول و معاشرات سے تعلق رکھتی ہیں۔ دوھیال ننھیال دونوں کا تعلق اتر پردیش سے ہے۔ والد بسلسلہ ملازمت حیدرآباد آگئے تھے۔ وہ وہیں پیدا ہوئیں ہیں۔ لیکن حیدرآبادیوں کے نزدیک ملکی نہیں۔ اس رویہ کا انہیں بڑا احساس ہے۔ بچپن کے ذکر میں لکھا ہے کہ وہ سات بھائی بہن تھے۔ ان کا بچپن لڑکپن سہیلیوں، گھر کے لوگوں کے ساتھ ہنستے کھیلتے گزرا، اسکیچ بنانا، پینٹنگ، مشاعرے، ناٹک ان کے مشاغل تھے۔ مصوری ڈراما ان کے شوق ہیں۔ اگرچہ ان کے والد شاعر تھے مگر وہ شاعری کی طرف متوجہ نہ ہوسکیں، افسانوی ادب، افسانہ و ناول نگاری کو پسند کیا۔ ہائی اسکول کے زمانے میں انہوں نے دنیا کے عظیم افسانہ نویسوں گورکی، موپاساں، چیخوف، عصمت، کرشن چندر، منٹو، احمد ندیم قاسمی، قرۃ العین وغیرہ کے افسانے پڑھ ڈالے تھے اور بہت کچھ سیکھا تھا۔ کہانی نویسی ان کی فطرت کے عین مطابق نکلی۔ جیلانی بانو کی یہ آپ بیتی مکمل نہیں۔ اگر وہ اسے مکمل کر لیں تو بلاشبہ یہ اردو آپ بیتیانہ ادب کے سرمایے میں ایک گراں قدر اضافہ ثابت ہوگی۔

آزادی (۱۹۴۷ء) کے بعد اردو میں ایک کے بعد ایک کئی اچھی آپ بیتیاں لکھی اور شائع کی گئی ہیں۔ ان میں کچھ خواتین کی آپ بیتیاں بھی ہیں۔ بیسویں صدی کی آخری دہائی میں ایک معرکتہ الآرا آپ بیتی حمیدہ سالم کی شورش دوراں ہے۔ جو اردو ادب، اردو نسائی ادب اور اردو آپ بیتیانہ ادب کا ایک گوہر بے بہا سمجھی گئی ہے۔

اردو کی معروف فکشن نگار (افسانہ و ناول نویسی) خاتون خدیجہ مستور لکھنو میں ۱۹۲۷ء میں پیدا ہوئی اور ۱۹۸۲ء میں لندن میں انتقال کر گئی۔ آزادی سے قبل افسانہ نویسی میں شہرت حاصل کی، آزادی کے بعد پاکستان جا کر لاہور میں مقیم ہوگئی۔ ان کی بہن ہاجرہ مسرور (۱۹۲۹ء۔ ۲۰۱۰ء) بھی مشہور افسانہ نویس گذری ہیں۔ خدیجہ کے کئی افسانوی مجموعے اور دو ناول آنگن اور زمین شائع ہو چکے ہیں۔ انہوں نے اپنی خودنوشت تحریر کر کے پاکستان میں شائع کروائی ہے۔ لیکن اس کی رسائی ممکن نہ ہوسکی۔ انہوں نے مدیر نقوش محمد طفیل کی فرمائش پر نقوش کے آپ بیتی نمبر کے لئے جو مختصر آپ بیتی لکھی تھی۔ وہی ان کی خودنوشت کا نمونہ ہے۔ (اسے بعد میں فن و شخصیت آپ بیتی نمبر میں شامل کیا گیا۔)

خدیجہ مستور نے اپنے بچپن کے حالات میں کھیل کود، آٹھ سال کی عمر میں قرآن ختم کر لینے کا ذکر کیا۔ ۱۹۳۶ء میں شوکت تھانوی نے انہیں افسانہ لکھنے کی ترغیب دی۔ ۱۹۳۷ء میں ان کے والد کا انتقال ہوا وہ سات بچوں کے لئے کچھ چھوڑ کر نہیں گئے۔

ان کو سوتیلے والد سوتیلی ماں سوتیلے بھائی سے سابقہ پڑا لیکن وہ ان کی محبت وایثار کا ہی ذکر کرتی ہیں۔ انہوں نے ماموں نانا کو بھی یاد کیا۔ تقسیم کے بعد ان کے نانا اپنا گھر کوڑیوں کے مول بیچ کر ان لوگوں کو لے کر پاکستان آگئے۔ وہاں احمد ندیم قاسمی نے ان کی سرپرستی کی۔ ان کی کہانیاں ۱۹۴۲ء میں شائع ہونے لگی تھیں۔ انہوں نے اپنے چار مجموعوں کا ذکر کیا۔ ان کے ناول پر ابلیس آدم جی انعام ملا تھا۔ ۱۹۵۰ء میں ان کی شادی ظہیر بابر سے ہوئی تھی وہ ایک بیٹے کی ماں ہیں۔ ۱۹۸۰ء میں وہ انجمن ترقی پسند مصنفین کی سکریڑی بنی تھیں۔ انہوں نے سی آئی ڈی کے ہاتھوں پریشانیوں کا ذکر کیا۔ بہن ہاجرہ کے کراچی جانے کا ذکر کیا ہے۔ بعد میں اپنے علاج کے لئے ۱۹۸۲ء میں لندن گئیں۔ جہاں ۲۶ جولائی کو ان کا انتقال ہوگیا۔ میت لاہور لا کر دفن کی گئی۔

خورشید نکہت مہاراشٹر کی مشہور افسانہ و ناول نگار خاتون

ہیں۔وہ چوپڑہ ضلع جلگاؤں میں پیدا ہوئیں۔جلگاؤں میں تعلیم حاصل کی۔پونا مین پیشہ تدریس وتعلیم سے منسلک ہوئیں۔افسانہ نویسی کا شوق تھا۔ان کے رومانی، سماجی، معاشراتی افسانے رسالہ بیسویں صدی وغیرہ میں شائع ہوئے۔ان کے چھ ناول اور چار ناولوں کے ترجمے اور ۱۱۹ کے قریب افسانے جرائد میں شائع ہوئے ہیں۔انہوں نے اپنے مختصر حالات زندگی رسالہ بیسویں صدی دہلی اور پونے میں اردو افسانہ از نذیر فتح پوری میں تحریر کیے ہیں۔

انہوں نے اپنی زندگی کے مختلف واقعات خاندان، وطن، پیدائش، تعلیم، سروس، ادبی مصروفیات تحریر کیے۔عہد و ماحول کے سماجی و معاشرتی حالات و شخصیات پر ان کی توجہ کم ہی رہی۔انہوں نے اشارۃً بتایا کہ ان کی زندگی مسلسل جدوجہد اور حادثات کا شکار رہی۔زندگی کے المیہ کی تفصیل انہوں نے نہیں لکھی نہ ازدواجی زندگی کے جانب کوئی اشارہ کیا ہے۔وہ ریٹائرڈ ہو کر پونا میں زندگی گزار رہی ہیں۔اور لکھا ہے کہ والدین و بھائی بہنوں کے ساتھ رہتی ہیں جس سے اندازہ ہوتا ہے کہ انہوں نے شادی نہیں کی زبان و اسلوب کی دلکش اور ندرت اور نم ناک فضا کے باعث یہ آپ بیتی دلکش ہے۔

ایک خودنوشت سوانح عمری ایک خاتون سعیدہ بانو احمد نے ڈگر سے ہٹ کر عنوان سے لکھی ہے۔سعیدہ بانو احمد پروفیشنل ادیبہ نہیں وہ آل انڈیا ریڈیو میں اردو نیوز ریڈر اور پھر اردو سروس سے منسلک رہیں۔انہوں نے اپنی زندگی کی کہانی ایک ایسی عورت کی حیثیت سے لکھی جس کی زندگی مختلف نشیب و فراز پر گزری اور جسے زندگی میں بڑے نامساعد حالات کا سامنا کرنا پڑا۔

مشہور ادیب و نقاد و افسانہ نگار ڈاکٹر اختر اورینوی کی اہلیہ شکیلہ اختر بھی اچھی ادیبہ اور افسانہ نویس تھیں۔ضلع گیا، بہار کے قصبے اردل میں پیدا ہوئی تھیں۔اختر اورینوی سے شادی ہوئی وہ ۱۹۷۷ء میں فوت ہو گئے۔شکیلہ کا بھی انتقال ہو گیا۔ان کے افسانے اور ناولٹ وغیرہ شائع ہوتے ہیں۔انہوں نے اپنی مختصر آپ بیتی لکھی ہے۔اس میں اردل قصبہ میں اپنی پیدائش اپنے والدین کے پڑھنے لکھنے کا شوق۔اپنی مدرسہ کی تعلیم۔اور افسانہ نویسی کے شوق کا ذکر کیا ہے۔

مشہور ترقی پسند شاعر کیفی اعظمی کی بیگم شوکت کیفی بھی ایک آرٹسٹ تھیں۔کیفی اعظم گڑھ میں ۱۴، جنوری ۱۹۲۳ء کو پیدا ہوئے بمبئی آکر بس گئے۔۱۰، مئی ۲۰۰۲ء کو انتقال کیا۔شوکت کیفی حیدرآباد میں پیدا ہوئیں۔ڈرامہ کا شوق تھا۔کیفی سے ملاقات کے بعد دونوں محبت میں مبتلا ہوئے۔شادی کر لی۔شبانہ اعظمی، اور ان کے بھائی بابا اعظمی۔ان کی اولاد ہیں۔شوکت کیفی ایک پڑھی لکھی باصلاحیت فن کارہ ہیں۔بحیثیت ادیبہ وہ مشہور نہیں۔انہوں نے اپنی خودنوشت کی رہ گزر کے نام سے لکھی ہے۔یہ ان کی بچپن اور جوانی کی یادوں کا مرقع ہے یہ یادنگاری (میمائرس) قسم کی خودنوشت ہے۔اس میں انہوں نے اپنے بچپن کے جاگیردارانہ ماحول اس کی حد بندیوں اور اپنی باغیانہ و متحرقانہ خیالات کا ذکر کیا۔پھر کیفی سے شادی اور بمبئی آمد اور وہاں کی ادبی ثقافتی معاشرتی، فلمی، تھیٹریکل سرگرمیوں کا ذکر کیا ہے۔وہ ایک باصلاحیت، ذہین، باوقار خوش سلیقہ باحوصلہ خاتون تھیں۔ڈرامہ میں اداکاری، فلموں میں اداکاری کرتی رہیں۔کیفی کے ساتھ عسرت سے دولت تک کا سفر خوشی خوشی طے کیا۔انہوں نے اپنی آپ بیتی میں اپنی زندگی کو قید کر دیا ہے۔اس میں حسین ترین لمحے بھی ہیں۔اور الجھنیں و پریشانیاں بھی۔ان کے عشق کا بیان بھی ہے اور ازدواجی زندگی کی پریشانیاں، بچوں کی پرورش پرداخت کے مسائل بھی۔وہ اپٹا (انڈین پیوپلس تھیٹر ایسوسی ایشن) اور فلم دونوں سے وابستہ رہیں۔اپنے شوہر اپنے بیٹے اور بیٹی سے والہانہ محبت اور ان کے ساتھ گذاری زندگی کا دلکش و دلچسپ و موثر بیان اس میں ملتا ہے۔نجی گھریلو خاندانی زندگی کے ساتھ انہوں نے بیرونی سماجی، معاشرتی فلمی، ادبی زندگی کے حالات کوائف اور شخصیات کو بھی انہوں نے اپنے نقطہ نظر سے پیش کیا ہے۔یہ خودنوشت بڑی ہی خوبصورت، شگفتہ و شائستہ زبان و اسلوب میں تحریر کی گئی ہے۔ہم مصنفہ کے ساتھ ساتھ اس میں خود کو موجود پاتے ہیں۔

عہد حاضر کی معروف ادیبہ فکشن نگار صالحہ عابد حسین خانوادۂ حالی سے تعلق رکھتی تھیں۔ان کا اصلی نام مصداق فاطمہ تھا وہ خواجہ حالی کی پرنواسی۔خواجہ غلام الثقلین کی بیٹی، غلام السیدین کی بہن اور ڈاکٹر سید عابد حسین کی اہلیہ تھیں۔۱۸، اگست ۱۹۱۳ء کو پانی پت میں پیدا ہوئیں۔۱۹۳۳ء میں سید عابد حسین سے شادی کے بعد دہلی آگئیں۔۸، جنوری ۱۹۸۸ء کو انتقال کیا وہ بڑی فعال ادیبہ تھیں۔انہوں نے کئی

افسانے، ڈرامے، اور ناول لکھے۔ انہوں نے اپنی خودنوشت سلسلۂ روز و شب کے عنوان سے لکھی ہے۔ یہ ناول کی تکنیک میں وسیع کینوس پر لکھی گئی ہے۔ اس میں ان کی زندگی، خاندان، اقربا و احباب، شعر و ادب سے تعلق رکھنے والی سیاسی و سماجی، مذہبی شخصیات اور عصری حالات و کوائف کی عکاسی بھی کچھ موجود ہے۔ اس میں ان کا کردار کی جگہ نمایاں ہے۔

روز و شب کا یہ سلسلہ ۱۹۱۲ء میں مصنفہ کی پانی پت میں پیدائش سے شروع ہوتا ہے۔ پھر علی گڑھ، داعی پور، میرٹھ اور پھر یورپ، جرمنی، امریکہ کا سفر طے کرتا ہے۔ خاندانی زندگی، حالی کا گھرانہ، عابد حسین جیسے عالم سے رشتہ، ادبی دلچسپی سرگرمیاں، ناول افسانہ ڈرامہ، خاکہ، تقاریر علمی ادبی کتب کی تصنیف و ترجمہ کا سلسلہ، سماجی سرگرمیاں خانگی حالات، شوہر سسرال کے حالات، پریشانیاں میں بیماریاں، ایثار قربانیاں، اولاد نہ ہونے کا غم، زندگی کی جدو جہد وغیرہ وغیرہ کے بیانات جابجا بکھرے ملتے ہیں۔ کتاب سے صالحہ کی دل آویز محبت بھری، مخلص، انسان دوست شخصیت ابھرتی ہے۔ خوشیوں وغموں کی زندگی۔ کامیابیوں کے ساتھ ناکامیابیوں کا ذکر، دلی کیفیتوں کا اظہار سبھی کو بے تکلفی کے ساتھ بیان کیا گیا ہے۔ وہ فنی سطح سے نیچے نہیں اتریں۔ یہ ان کی ۷۱ سالہ زندگی اور ۶۲ سالہ ادبی زندگی اور عہد و ماحول کی کہانی ہے۔ اردو خودنوشت میں ایک بیش بہا اضافہ ہے۔

صغریٰ مہدی کا شمار عصر حاضر کی مقتدر ادبی شخصیات میں ہوتا ہے انہوں نے اپنی خودنوشت حکایت ہستی کے عنوان سے لکھی ہے جو ۲۰۰۷ء میں شائع ہوئی۔ یہ آپ بیتی اگر ایک طرف مصنفہ کی زندگی، حالات و کوائف عصری معاشرتی کی ایک ریکارڈ ہے تو دوسری طرف ان کے خاندان، عہد و ماحول و تہذیب و معاشرت اور شخصیات کی عکاسی بھی ہے۔ یہ آپ بیتی، مصنفہ کی نجی زندگی انفرادی و اجتماعی شہری و دیہاتی زندگی، معاشرت اور عصری حالات و کوائف و شخصیات کو پیش کرتی ہے۔ اسے تانیثی ادب میں اضافہ قرار دیا گیا ہے۔ مشہور ادیبہ عصمت چغتائی نے اپنی خودنوشت ایک آپ بیتیانہ ناول (Auto Biographical Novel) کی طرز میں لکھی ہے۔ یہ پہلے رسالہ آج کل دہلی میں ۱۹۷۹ء۔ ۱۹۸۰ء میں کئی قسطوں میں شائع ہوئی۔ اسے وہ مکمل نہ کر سکیں۔ یہ ادھوری رہ گئی۔ بعد میں اسے وارث علوی کے دیباچے کے ساتھ شائع کیا گیا۔ نقادانِ فن کا خیال ہے کہ عصمت کو اپنی اس طرح کی آپ بیتی لکھنے کا خیال قرۃ العین حیدر کی خودنوشت، کار جہاں دراز ہے کی اشاعت اور مقبولیت سے آیا ہوگا۔ عصمت نے اپنی مختصر آپ بیتیاں کئی جگہ لکھیں جیسے رسالہ نقوش کے آپ بیتی نمبر میں (جون ۱۹۶۴ء) فن و شخصیت کے آپ بیتی نمبر (مارچ ۱۹۸۰ء) یا رسالہ آج کل میں غبار کارواں کے عنوان سے وغیرہ وغیرہ۔ یہ خودنوشت ان کی عمر کے ایک حصے پر مشتمل ہے۔ یہ مربوط، مسلسل، یا مکمل نہ ہونے کے باوجود ایک منفرد خودنوشت کہی جاسکتی ہے۔

عظیم فکشن نگار قرۃ العین حیدر نے ایک انوکھی خودنوشت جو ان کی فیملی ساگا (داستان خاندان) اور آپ بیتیانہ ناول و آپ بیتی ہے آپ بیتی اور فکشن کا نادر امتزاج ہے۔ اس میں انہوں نے اپنے منفرد، دلکش و دلچسپ انداز میں اپنے خاندان، اپنے والدین اور خود کی زندگی کے حالات و کوائف کی کہانی سنائی ہے۔ اس کی ابتدائی دو جلدیں تو مربوط و مسلسل تاریخی ترتیب رکھتی ہیں۔ لیکن تیسری جلد شاہراہ حریر مختلف موضوعات پر تحریروں کا مجموعہ ہے۔ اس کو انہوں نے نہایت وسیع کینوس پر طول زمانی و مکانی میں پیش کیا ہے۔ پہلی جلد میں انہوں نے اپنے بعید ترین اسلاف، آباو اجداد کی تاریخ بیان کی ہے۔ واقعہ کربلا کے بعد جب آلِ حسین بکھرے تو ان کے ایک فرد وسط اشیاء ہوتے ہوئے وارد ہند ہوئے اور پھر ان کا خاندان دو شاخوں میں تقسیم ہوگیا۔ جو بعد میں ان کے والد اور والدہ کے اجداد بنے۔ اور ان کے میل کی صورت میں پھر ان کی یکجائی ہوئی۔ قرۃ العین نے یہ آپ بیتی پرانی یادداشتوں، مسودوں، خطوط، مطبوعہ کتب و رسائل کی مدد سے مرتب کی ہے۔ صدیوں پر محیط یہ کہانی ان کی والدہ و والد کے حالات، ان کی پیدائش، تعلیم تربیت والد کی وفات، پھر آزادی، اور پاکستان ہجرت کے بیان پر محیط ہے۔ دوسری جلد میں مصنفہ نے پاکستان کے قیام کے حالات، مصروفیات، سروس، شخصیات، غیر ممالک کے سفر اور مختلف سرگرمیوں کا ذکر کیا ہے۔ مولانا آزاد کے مشورے پر واپس اور بمبئی آجانے کا ذکر کیا ہے۔ اس کے بعد کے حالات وہ تسلسل سے لکھ نہ سکیں۔ تیسری جلد ۳۸ متفرق ابواب کا مجموعہ ہے۔ جن کے موضوعات اور بیانات مختلف النوع ہیں۔

ان میں صرف اتنا ربط ہے کہ

ان میں مصنفہ کی ذات موجود ہے۔ یہ حالات و واقعات ان کو پیش آئے ہیں۔ پرستان تھیٹر، رسالہ گل آباد، بیگم کا رسیا، کشکول عنقا شاہ قوم فقیر، اسنوبری کے شگوفے، سیر کہسار، گمنام طائر حرم لیگ سلام لیگ، ایک عہد ساز اداکارہ وغیرہ کئی عنوانات کے تحت مختلف حالات واقعات کو انگوٹھی میں نگینوں کی طرح جڑے گئے ہیں۔ پوری تحریر ایک عجیب سحر انگیز دنیا کی سیر کراتی ہے۔

اس طرح اردو میں بے شمار خواتین قلمکاروں نے خودنوشتیں لکھی جن میں سے چند کا ذکر یہاں کیا گیا۔ اس مختصر مقالے میں تمام کا احاطہ کرنا اور اس پر تفصیلی گفتگو کرنا یقیناً ممکن نہیں۔

محمد مختار عالم

قطب شاہی دور میں فارسی تاریخ نویسی

فارسی تاریخ نگاری ہو یا عربی تاریخ نگاری دونوں کے اپنے اپنے اسلوب ونظریات ہوتے ہیں۔ان نظریات سے صرف نظر کرتے ہوئے یہ بھی کہا جاسکتا ہے کہ علوم وفنون اپنے اپنے رنگ بدلتے رہتے ہیں۔ جیسے کہ سلاطین ہند کی تاریخ کو دیکھا جائے، تو ان تواریخ میں سلاطین، حکمران اور شہزادے کے حالات و واقعات قلم بند کرتے ہیں، ان کے خیالات وافکار و شاہی منصوبوں اور ان کی تفصیلات کو یکجا کرتے ہیں، جنگ و جدال، صلح وآشتی کے پیغامات کو اکٹھا کرتے ہیں۔لیکن فن تاریخ نگاری ثقافت وروایات کی شناخت اور پرکھ، اس کی نہج وعوامل، جغرافیائی، سماجی ومعاشرتی حدود میں اپنی پہچان آپ رکھتے ہیں۔

ہندوستان میں فارسی تاریخ نگاری کو دو حصوں میں تقسیم کیا جاتا ہے ایک مغل سے پہلے دوسرا مغل کے بعد۔مغل سے پہلے جو تاریخی کتاب فارسی زبان میں لکھی گئی وہ "چچ نامہ"، ہے۔ جس کو حمید الدین کوفی نے ۶۱۳ھ میں بغیر مصنف کے نام کے عربی زبان سے فارسی زبان میں ترجمہ کیا تھا۔ اس کے بعد طبقات ناصری مؤلف منہاج سراج ۶۵۷ھ، آثار دہلوی مجموعہ آثار تاریخی حضرت امیر خسرو ۷۲۵ھ اور تاریخ فیروز شاہی ضیاء الدین برنی وغیرہ قابل ذکر ہیں۔دوسرا دور مغل یا اس کے بعد کا ہے۔اس دور کو فارسی تاریخ نگاری کا سب سے اہم دور مانا جاتا ہے۔اس دور میں بھی بہت سی فارسی تاریخی کتابیں قلم زد ہوئیں، جس میں تاریخ رشیدی مؤلف مرزا حیدر کاشغری، تاریخ ہمایوں مؤلف ابراہیم بن جریر ۹۵۷ھ، تاریخ اکبری مؤلف محمد عارف قندھاری ۹۸۷ھ، طبقات اکبری مؤلف خواجہ نظام الدین احمد ۱۰۰۲ھ، اکبر نامہ ابو الفضل ۱۰۰۳ھ، شاہ جہان نامہ محمد صالح کنبوہ، تاریخ دلکشا شیخ عنایت اللہ اور تاریخ شاہ جہانی وغیرہ قابل ذکر ہیں۔

۱۲۳۹ء میں علاء الدین خلجی کے ماتحت مسلمانوں نے سب سے پہلے دکن میں قدم جمایا تھا، لیکن اس کی حکومت دیرپا نہ رہی۔ بعد میں علاء الدین خلجی کے بیٹے قطب الدین مبارک شاہ (۱۲۹۹، ۱۳۲۰) نے دکن کو دوبارہ فتح کیا۔ چودھویں صدی عیسوی کے نصف آخر میں برصغیر کا اکثر حصہ محمد بن تغلق (۱۳۲۵ء تا ۱۳۵۱ء) کے زیر نگیں آ گیا تھا۔ سلطان محمد بن تغلق نے ۱۳۴۲ء میں ظفر خان کو دکن کا صوبہ دار مقرر کیا۔ اس نے دکن کے سرداروں کو اپنے ساتھ ملا کر دہلی سلطنت سے علاحدگی اختیار کرلی اور ۱۳۴۷ء میں علاء الدین حسن گنگو بہمنی کا لقب اختیار کر کے خود مختار بہمنی سلطنت کی بنیاد رکھی۔

روز بروز علاء الدین حسن اپنی حکومت کی توسیع وترقی میں کوشاں رہا۔لیکن بعد میں چل کر بہمنی حکومت پانچ حصوں میں تقسیم ہوگئی۔ پہلا خاندان عماد شاہی برار میں، دوسرا خاندان نظام شاہی احمد نگر میں، تیسرا خاندان برید شاہی بیدر میں، چوتھا خاندان عادل شاہی بیجاپور میں اور پانچواں خاندان قطب شاہی گولکنڈہ میں۔

قطب شاہی دور کا آغاز ۹۱۸ھ میں بدست قطب الملک سلطان قلی قطب شاہ ہوتی ہے اور اختتام ابوالحسن تانا شاہ پر ہوتی ہے۔ یہ دور بھی تاریخی اعتبار سے زریں دور میں شمار ہوتا ہے۔اس دور میں بہت ساری تاریخی کتابیں فارسی زبان و

ادب میں لکھی گئیں۔ان میں سے بعض کا ذکر میں ذیل میں کرتا ہوں تا کہ لوگوں کی ان تک رسائی ہو سکے۔

حدیقۃ السلاطین:

یہ کتاب جامعہ شناسی پر بہت اہم تاریخی دستاویز ہے۔اس کے مصنف مرزا نظام الدین احمد گیلانی ہیں۔انہوں نے علامہ ابن خاتون کے توسط سے عبداللہ قطب شاہ کے دربار تک رسائی حاصل کی۔مصنف نے اس کتاب میں سلاطین قطب شاہی کا مفصل ذکر کیا ہے۔یہ کتاب سالار جنگ میوزیم میں مخطوطہ کی شکل میں موجود ہے،جس کا شمارہ نمبر MSS.369 ہے۔سید علی اصغر بلگرامی نے اس کو ترتیب دیکر ۱۹۶۱ء میں ادارۂ ادبیات اردو سے اس کو شائع کرایا ہے۔

حدائق السلاطین فی کلام الخواقین:

اس کے مصنف علی ابن طیفور بسطامی ہیں جو قطب شاہی دور کے آخری فرمانروا ابوالحسن تانا شاہ کے دور ۱۰۹۲ھ ۱۶۸۱ میں تحریر کیا۔میں مصنف نے قطب شاہی دور کے علماء، فضلاء وشعراء کے ادب نوازی کا تفصیلی ذکر کیا ہے۔یہ کتاب مخطوطہ کی شکل میں سالار جنگ میوزیم Mss no. 215 موجود ہے۔

مآثر قطب شاہی:

مصنف محمد عبداللہ نیشاپوری ہیں جو سلطان محمد قطب شاہ کے دور میں (۱۶۱۲۔۱۶۲۶ء/۱۰۱۳۔۱۰۲۷ھ) تصنیف کیا۔مصنف انہی کے دور میں گولکنڈہ وارد ہوئے اور مختلف عہدے پر فائز ہوتے رہے۔اس کتاب میں انہوں نے داخلی وخارجی حالات کا مفصل ذکر کیا ہے۔یہ کتاب سالار جنگ میوزیم میں مخطوطہ کی شکل میں موجود ہے۔

برہان مآثر:

اس کا مصنف علی ابن عزیز اللہ طباطبائی ہے، جو کہ محمد قلی قطب شاہ کے عہد میں عراق سے دکن آیا اور قلی قطب شاہ کی ملازمت اختیار کی۔بعدہ قلی قطب شاہ کی ملازمت سے سبکدوش ہو کر احمد نگر کے سلاطین کی ملازمت اختیار کر لی۔ برہان نظام شاہ کی فرمائش سے ۱۰۰۰ء میں برہان مآثر کی تالیف کی، جیسا کہ اس کے نام کے اعداد سے برآمد ہوتا ہے۔ اس کتاب کو تین طبقوں میں تقسیم کیا گیا ہے۔طبقۂ اول میں سلاطین گلبرگہ، طبقۂ دوم میں سلاطین بیدر (محمد آباد) اور طبقۂ سوم میں سلاطین احمد نگر کا ذکر ہے۔یہ کتاب ۱۹۳۸ء میں مجلس مخطوطات فارسیہ حیدرآباد سے شائع ہوئی۔

گلشن ابراہیمی (تاریخ فرشتہ):

اس کے مصنف محمد قاسم فرشتہ ۹۶۰ھ/۱۵۵۲ء استرآباد ایران میں پیدا ہوئے لیکن ایام جوانی میں ہی اپنے والد غلام علی ہندوشاہ کے ہمراہ احمد نگر چلے آئے۔چند سال سکونت کے بعد ہی دبیروں کے زمرے میں شامل ہو گئے۔چونکہ اس وقت احمد نگر میں جنگ وجدال کا ماحول گرم تھا اس لئے وہاں سے بھی ہجرت کر کے بیجاپور چلے آئے اور محض انتالیس سال کی عمر میں ایک مدبر سیاسی کی حیثیت سے اپنی شناخت بنالی۔احمد نگر میں ان کے دوست شاہ نواز خان شیرازی تھے۔فرشتہ ان کے توسط سے ابراہیم عادل شاہ ثانی کے دربار میں متعارف ہوئے۔ابراہیم عادل شاہ ثانی روضۃ الصفا (مصنف خواند میر) کا ایک نسخہ قاسم فرشتہ کو دیا اور اسی کے طرز پر ایک تاریخی کتاب لکھنے کی التجا کی۔ چنانچہ تاریخ فرشتہ کا تصنیفی سفر یہاں سے شروع ہوتا ہے۔اس کتاب میں فرشتہ نے ہندوستان کے قدیم عقائد، مذاہب، رسم و رواج اور حکمراں کے حالات سے لیکر قطب شاہی دور تک کی تاریخ لکھی ہے، جو بہت ہی قابل مستند ین تاریخ مانی جاتی ہے۔یہی وجہ ہے کہ اس کے ترجمے اردو وانگریزی میں کئی مرتبہ شائع ہوئے۔

تاریخ سلطان محمد قطب شاہ:۔ (مصنف نامعلوم)

یہ کتاب سلطان محمد قطب شاہ کے ایما پر ۱۰۲۵ھ اور ۱۰۲۷ھ کے درمیان میں لکھی گئی۔ بہت تلاش وجستجو کے بعد بھی اس کے مصنف کا کوئی سراغ نہ مل سکا۔ کتاب کے شروع میں ایک طویل دیباچہ لکھا گیا ہے لیکن اس میں بھی مصنف نے اپنا نام درج نہیں کیا ہے اور نہ ہی کسی دوسری تاریخی کتب میں اس کتاب کے مصنف کے بارے میں کوئی سراغ موجود ہے۔

قطب شاہی دور میں جتنی بھی تاریخی کتابیں وجود میں آئیں ان میں سب سے اہم ماٰخذ یہی کتاب ہے۔ جس میں قطب شاہی سلاطین کے آباء واجداد، قرا قوینلو اور آغرخان سے لیکر قطب شاہی دور کے چھٹویں فرمانروا سلطان محمد قطب شاہ (بانی مکہ مسجد) تک کے تاریخی حالات کے ساتھ مذکور ہیں۔ یہ کتاب ایک مقدمہ، چار مقالہ اور خاتمہ پر مشتمل ہے۔ مقدمہ میں رستم زمان واسکندر دوران قرا محمد یوسف اوران کے آباء واجداد کا تفصیلی ذکر ہے۔ پہلے مقالے میں شاہزادہ ارجمند سلطان قلی قطب الملک اور انکی حکمرانی کا تفصیلی جائزہ لیا گیا ہے۔ دوسرے مقالے میں جمشید قطب الملک اور اس کے بیٹے سبحان قلی کے احوال بیان کئے گئے ہیں۔ تیسرے مقالے میں عالی حضرت، فریدون حشمت، سلیمان شوکت، بادشاہ جم سریر، ابوالمنصور ابراہیم قطب شاہ کا تدبر مملکت وحکمت عملی کا تفصیلی ذکر کیا گیا ہے۔ چوتھے مقالے میں سلیمان مکانی، خاقان زمانی، ابوالمظفر سلطان محمد قطب شاہ کے تدبر وحکمت عملی کا تفصیلی جائزہ لیا گیا ہے۔

یہ کتاب بہ اعتبار موضوع فن تاریخ میں ہے لیکن اس کا اسلوب بیان ادبی معلوم ہوتا ہے۔ اکثر جگہوں پر مصنف نے سلطان محمد قطب شاہ کے اشعار نقل کئے ہیں اور متعلقہ بادشاہ کی ادبی، سماجی وتہذیبی خدمات کواجاگر کرنے کی کوشش کی ہے۔ دیباچہ میں مصنف نے بتایا ہے کہ میں نے اس کتاب کوسلطان محمد قطب شاہ کے ایماوفرمائش پر تصنیف کی ہے اور یوں رقم طراز ہے کہ:

آباء واجداد آن عالی مقدار کہ سابقا یکی از چاکران

این درگاہ درضوابط احوال ایشان نوشتہ بود

اس عبارت سے معلوم ہوتا ہے کہ اس سے قبل بھی سلطان محمد قطب شاہ کے دور میں کسی مورخ نے قطب شاہیوں کی مفصل تاریخ مرتب کی تھی اور تاریخ سلطان محمد قطب شاہ کے مصنف کے پیش نظر ماٰخذ کی حیثیت سے وہی کتاب موجود تھی۔ چنانچہ اسی کتاب سے استفادہ کرتے ہوئے مصنف نے اس کتاب کو اپنی طرز نگارش میں قلم بند کیا ہے۔

مولانا انصار احمد معروفی

پانی، مذہبِ اسلام اور صحت

صاف پانی اللہ تعالی کی بہت بڑی نعمت ہے جس کا کوئی متبادل نہیں، جسے پیدا نہیں کیا جاسکتا، ختم ہوجائے تو پھر بنایا نہیں جاسکتا۔ اس دنیا میں زندہ رہنے کے لیے سب سے بڑی چیز صاف پانی ہے، اس کے بغیر زندگی کا تصور محال ہے، اللہ تعالی نے اس عام ضرورت کی چیز کو اپنے فضل سے اتنا ہی عام بنا رکھا ہے، جس کا حصول بھی آسان ہے اور اس کا استعمال کرنا بھی آسان ہے۔ کسی کو کھانا اگر ایک دن نہ ملے تو وہ زندہ رہ سکتا ہے لیکن اگر پانی نہ ملے تو زندگی خطرے سے دوچار ہوجائے گی اور موت سامنے کھڑی نظر آنے لگے گی، اگر انسان قدرت کی عطا کی ہوئی چیزوں کا صحیح صحیح استعمال کرے، پانی کی حفاظت کرے، درختوں کی بے تحاشہ کٹائی نہ کرکے ماحول کے توازن کو برقرار رکھے، جنگلات کو آباد اور گھنا رہنے دے، جس سے قدرتی جانوروں کو زندگی گزارنے اور اپنا سر چھپانے کے لیے دردر کی ٹھوکریں نہ کھانی پڑے، کہ ان کی بددعائیں انسانوں کو لگ جائیں؛ تو پھر ماحول میں جہاں آلودگی نہ بڑھے گی وہیں بارش وقت پر ضرورت کے مطابق ہوتی رہے گی اور کبھی پانی کی قلت یا پانی کی آلودگی کی شکایت نہ رہے گی، ندیاں اور نالے، جھیل اور تالاب صاف ستھرے بہا کریں گے، نہ ان کی صفائی کی ضرورت پڑے نہ ان پر کروڑوں روپے صفائی بیداری کے لیے پانی کی طرح بہانے پڑیں۔

اللہ تعالی نے پانی کا صرف ایک ذریعہ بنایا ہے، اور وہ بارش کا پانی ہے، جو ہمارے ملک ہندوستان میں نصف جون سے نصف اکتوبر تک برسات کے موسم میں ہوتی رہتی ہے، کہیں کہیں اس سے بھی کم صرف دو ماہ ہی بارش ہوتی ہے، اور کہیں سوکھے اور قحط کا سامنا کرنا پڑ جاتا ہے، اس لیے ہمیں پانی کی حفاظت اور اسے خراب ہونے سے بچانے کے لیے قدم بڑھانا ہوگا اور دیکھنا ہوگا کہ اللہ نے اس کے بارے میں کیا کیا ارشاد فرمایا ہے، نیز یہ کہ پانی کا استعمال ہمیں کس طرح کرنا چاہیے؟

قرآن میں اللہ نے پانی کی اہمیت کے بارے میں ارشاد فرمایا ہے "وجعلنا من الما بکل شی حی افلا تبصرون" یعنی ہم نے پانی سے ہر چیز کو زندگی بخشی ہے، کیا تم اس کو دیکھتے نہیں؟ پانی کے بغیر نہ تو غذائی اجناس تیار ہوسکتی ہے اور نہ ہی کوئی چیز، اسے اللہ نے زمین کے اندر اس کی مسامات کے ذریعے پائپ لائن کی طرح بچھا دیا ہے اور زمین کے اندر اسے محفوظ کردیا ہے تاکہ بوقت ضرورت اسے نکالا جاسکے اور اس سے فائدہ اٹھایا جاسکے۔ چنانچہ فرمایا گیا "ہم نے آسمان سے بارش کا پانی اتارا، پھر اسے زمین کے اندر چشموں کے ذریعے ادھر ادھر پھیلا دیا ہے، جس سے کھیتیاں اگتی ہیں اور اس سے پھل اور مختلف قسم کے میوے تیار ہوتے ہیں، جو انسانوں کے ساتھ جانوروں کی غذا کا سامان بنتے ہیں"۔ کہیں یوں فرمایا کہ "پانی سے ہم نے کھیتیوں کو زندہ کردیا، اور وہ زمین جو خشک تھی، اسے ہم نے پانی کے ذریعے زندہ کردیا، اسی طرح ایک دن ہم مُردوں کو بھی زندہ کریں گے۔

الغرض یہ پانی اللہ تعالی کی نازل کردہ بیش بہا نعمت ہے، نعمت کی جب قدردانی ہوتی ہے، اور اس کا شکر ادا کیا جاتا ہے تو اللہ پاک اس نعمت میں اضافہ فرماتے ہیں اور اس کی ناقدری کی صورت میں اسے لے لیتے ہیں، اسی لیے حدیث میں فرمایا گیا ہے کہ پانی کو گندا مت کرو، اس میں پاخانہ پیشاب مت کرو، لیکن آج اللہ کی اتنی بڑی نعمت ندی اور نالے میں ہم اپنی ملک کی ساری غلاظت بہا کر اسے ناپاک اور گندا کر چکے ہیں، جس کے وجہ سے ساری ندیاں

آلودہ اور گندگی سے بھر جانے کی وجہ سے ناقابل استعمال ہو چکی ہیں، اور اس کی صفائی کے لیے بیشار دولت خرچ کی جا رہی ہے، مگر صفائی کے مقابلے میں اس میں گندگی اس سے زیادہ بدلے میں ڈال دی جاتی ہے، اس طرح قدرت کی چیزوں کے ساتھ ہمارا ناروا سلوک برسوں سے جاری ہے، غم کی بات یہ کہ وہ ندیاں جو بہت مقدس اور متبرک مانی جاتی ہیں، اسے بھی ہم نے صاف نہیں رکھا اور اس کو اپنی گندگی کے بہانے کا ذریعہ بنا دیا، دوسری جانب درختوں اور جنگلات کی کٹائی نے ماحول کے توازن میں گڑبڑی پیدا کر دی جس سے بارش کم ہونے لگی، بارش کی کمی کی وجہ سے زمین کا وہ پانی جس کی سطح پہلے بہت اوپر تھی وہ انتہائی نیچے چلی گئی، اللہ نے فرمایا ''قل اریتم۔۔ بتاؤ اگر زمین کا پانی بہت اندر چلا جائے تو اسے کون دوبارہ نکال سکتا ہے؟ اور کون پھر پانی میٹھا چشمہ جاری کر سکتا ہے؟

اس کے علاوہ ہم نے وہ پانی؛ جو زمین سے نکل رہا ہے، جب سے یہ پانی موٹر اور ٹیوب ویل سے نکالا جا رہا ہے، یا میونسپلٹی کے ذریعے ہمارے گھروں تک ٹنکیوں کے واسطے سے آ رہا ہے، اسے ہم نے بے تحاشہ ضرورت سے زیادہ خرچ کر دیا ہے، جب تک پانی کنوئیں اور ہینڈ پائپ سے مل رہا تھا اور مشقت سے بھرا جاتا تھا، تب تک اسے بقدر ضرورت گرایا جاتا تھا لیکن جب سے وہی پانی موٹر کے واسطے سے نکلنے لگا، اسے ہم نے ضائع کر دیا، کبھی ہم ایک لوٹے پانی سے وضو کر لیا کرتے تھے، آج اسی ضرورت میں ٹنکی سے لینے کی صورت میں کئی لوٹے خرچ ہو جا رہے ہیں، یہی حال غسل کرنے اور کپڑے دھونے، مکان کی صفائی اور دوسری چیزوں کے دھونے کا ہے، اسی لیے حدیث میں آیا ہوا ہے کہ نبی ﷺ ایک صاحب کے پاس سے گزرے، وہ پانی میں فضول خرچی کر رہے تھے، آپ نے ٹوکا تو انہوں نے تعجب سے کہا کہ کیا وضو میں بھی اسراف مانا جاتا ہے؟ آپ نے فرمایا کہ ہاں چاہے تم بہتی نہر سے وضو کر رہے ہو، جس کا پانا نہر ہی میں گر رہا ہو، مگر یہ بھی فضول خرچی میں داخل ہو جاتا ہے۔

معلوم ہوا کہ پانی کو بقدر ضرورت استعمال کرنا چاہیے، اسے بے ضرورت بہانا نہیں چاہیے، کیوں کہ اللہ کے نزدیک اس کا بھی حساب دینا ہوگا، مذہب اسلام میں ''پانی ہی زندگی ہے'' کا پہلے پہلے فارمولا پیش کیا ہے اور قرآن میں ذکر کر دیا ہے جیسا کہ مضمون کے شروع میں گزرا ہے۔

اب یہ پانی ہمارے لیے کیسے مفید اور صحت بخش ثابت ہوگا، اس کا اصول طب میں بتایا گیا ہے۔ جس کے مطابق اگر پانی کو استعمال کیا جائے تو وہ پیاس بجھانے کے علاوہ صحت کے اصول کے اعتبار سے بھی نفع بخش ہوگا۔ یہ معلومات پانی کی حفاظت کے مشیر اردو کے سائنس نگار پروفیسر نصرت جمال صاحب نے اپنی کتاب ''دانا پانی'' میں دی ہے۔

''صحت مند رہنے کے لیے کچھ رہنما اصول ذکر کیے گئے ہیں، مثلا اوسطا ایک آدمی اپنے وزن کے حساب سے پانی پئے اگر ایک آدمی کا وزن ۶۰ ر کیلو گرام ہے، تو اسے ایک دن میں 4.070 کیلو گرام پانی پینا چاہیے۔ پانی صاف ہو، اگر آلودگی کا شبہ ہو تو ابال کر، یا چھان کر یا اسے فلٹر سے صاف کر کے استعمال کرنا چاہیے۔ صبح اٹھ کر دو گلاس پانی پی لیں، بہتر ہے کہ یہ کچھ گرم ہو، ٹھنڈا ہرگز نہ پئیں۔ ہلکا نیم گرم پانی پینے سے پیٹ صاف ہوگا اور ہاضمہ بھی اچھا رہے گا۔ کھانے کے بعد پانی تو بالکل نہ پئیں، لیکن کھانے کے دوران یا اس سے قبل ایک دو گھونٹ اگر ضروری ہو تو پی لیں۔ کھانے کے ڈیڑھ دو گھنٹے بعد پانی پیا جا سکتا ہے۔ اگر دوپہر کو آرام کیا ہے، یا سو کر اٹھے ہیں تو ایک گلاس پانی ضرور پینا چاہئے، رات کو کھانے کے ایک ڈیڑھ گھنٹہ بعد پینا چاہئے۔ اس کے علاوہ چھوٹے چھوٹے تین گھونٹوں میں بیٹھ کر پانی پینا چاہئے۔ اگر کسی بات پر غصہ ہو تو پانی پی لیں۔ اگر کچھ بھول گئے ہوں تو پانی پی لیں۔ زیادہ ٹھنڈا پانی کبھی نہیں پینا چاہئے۔ اسی کے ساتھ بہت گرم چائے بھی پینا صحت کے لیے نقصان دہ ہے۔

معذورین اور ہماری ذمہ داریاں

کچھ لوگ دنیا میں ایسے ہیں جو صحیح و سالم پیدا ہوئے، ہاتھ، پاؤں، دل و دماغ، آنکھ اور بدن کے سارے اعضا ان کے مکمل

اور صحت مند ہیں، بعد میں کسی حادثہ میں ان کے بدن کا کوئی حصہ خراب ہوگیا، مثلاً ہاتھ اور پیر کسی تکلیف دہ واقعہ کے پیش آنے میں ٹوٹ گیا، یا لقوہ اور فالج کا اثر ہوگیا، کان میں سننے کی طاقت کمزور یا ختم ہوگئی، آنکھ میں کوئی عیب پیدا ہوگیا اور بصارت متاثر ہوگئی۔ دماغ کسی حادثہ میں ہلکا یا ناکارہ ہوگیا، جس کی وجہ سے وہ صحت مند نہیں رہے، اور انہیں دنیا کے لوگ لنگڑا، اندھا، ہاف یا پاگل، یا معذور کہنے لگے۔ جن کے علاج کی گنجائش موجود ہے، اور وہ اکثر کسی اچھے اور ماہر ڈاکٹر کی صحیح تشخیص اور دوا سے صحت یاب ہوجاتے ہیں۔

مگر دنیا میں کچھ ایسے بھی معذور لوگ ہیں جو کسی حادثہ یا ناخوشگوار واقعہ کی وجہ سے نہیں؛ بلکہ وہ پیدائشی اندھے، یا مفلوج اور معذور ہیں، جو کسی علاج سے تندرست نہیں ہوسکتے، کیوں کہ ان کی پیدائش ہی ان امراض کے ساتھ قدرت کو منظور تھی۔ تاکہ ڈاکٹروں کی بھی ایک حد مقرر کردی جائے اور انہیں یہ احساس ہوجائے کہ سب کچھ ان کے ہاتھ میں نہیں ہے، یہ وہ موقع ہوتا ہے جہاں ڈاکٹروں کا علم اللہ کی قدرت کے آگے سرنگوں ہوجاتا ہے اور وہ اپنے آپ کو عاجز سمجھ کر مریض کے سرپرستوں سے معذرت کرنے لگتے ہیں

لیکن معذور کوئی بھی ہو، پیدائشی ہو یا غیر پیدائشی، اکثر دیکھا گیا ہے کہ اگر اللہ تعالیٰ نے ان کے بدن کے کسی حصہ میں کسی وجہ سے کوئی مرض پیدا کردیا ہے تو اس کے بدلے میں اس کے دل و دماغ یا کسی اور حصہ کو اتنی زیادہ قوت عطا فرمادی جو دوسرے نارمل لوگوں سے زیادہ ہوتی ہے۔ مثلاً اگر کوئی اندھا شخص ہے، تو اس کا دماغ بہت یادداشت والا بنادیا، جو اپنی دماغی قوت سے بہت سے کام اپنی ضرورت کے دوسرے لوگوں سے زیادہ اچھی طرح کرلیتا ہے، جو بغیر دیکھے ہی کسی کی آواز سن کر پہچان لیا کرتا ہے، یا اگر کوئی ہاتھ سے لکھنے پڑھنے کے اعتبار سے معذور ہے تو وہ دماغی قوت سے پیر کے ذریعے لکھنے کا کام کرلیا کرتا ہے اور تعلیم کے میدان میں بہت سے ایسے لوگوں سے آگے نکل جاتا ہے جو ہاتھ والے ہوا کرتے ہیں، اب سائنس بھی چوں کہ کافی ترقی یافتہ ہوگئی ہے، اس لیے معذور لوگوں کو تعلیم یافتہ بنانے اور انہیں کسی کام کے لائق بنادینے کے لیے ایسی ایسی تکنیک دریافت ہوگئی ہے کہ اب اندھا بھی ابھرے ہوئے حروف کی مدد سے حروف کو نہ صرف پہچان سکتا ہے بلکہ پوری پوری کتاب پڑھ اور سمجھ سکتا ہے، اندھے لوگوں یا دوسرے معذورین کے لیے ایسے ایسے اسکول و کالج کھل گئے ہیں اور اس میں ان کو پڑھانے کے ایسے ایسے ماہر تجربہ کار کی خدمات حاصل ہوگئی ہیں جنہیں گونگے، بہرے، اندھے اور معذورین کو پڑھانے میں بڑی صلاحیت حاصل ہوا کرتی ہے، اسی لیے ایسے لوگوں کے لیے کھیل کود کے مقابلے بھی منعقد کیے جاتے ہیں، اس وجہ سے اب اندھے بھی کرکٹ، کبڈی اور دوسرے کھیل کھیل سکتے ہیں اور اپنے اندر سے احساس کمتری دور کرسکتے ہیں۔

گونگے بہرے لوگ جنہیں عموماً نادانی کی وجہ سے ہم لوگ پاگلوں کی فہرست میں داخل کرکے ان سے کنارہ کش ہوجایا کرتے ہیں، یا پھر بدن کے کسی ناکارہ عضو کی طرح سماج و معاشرہ کا ناکارہ حصہ قرار دے کر انہیں نظر انداز کردیا کرتے ہیں، اور وہ بھی اپنے آپ کو لوگوں کے تکلیف دہ رویہ کی وجہ سے دنیا پر بوجھ محسوس کرنے لگتے ہیں، چوں کہ ان کے ساتھ کبھی محبت کا معاملہ نہیں کیا گیا، ان سے نرمی اور شفقت کا برتاؤ نہیں کیا گیا، ان کے کپڑوں کی صفائی پر دھیان نہیں دیا گیا، ان کے کھانے پینے کا لحاظ نہیں کیا گیا اور دوسری بہت سی تکلیف دہ وجوہات کی وجہ سے ان میں خوف، کم ہمتی پیدا ہوگئی، جس کے تئیں کنارہ کشی اور گھر کے کسی کام میں ان سے عدم دلچسپی کا اظہار ہونے لگا، گھر پہ آئے ہوئے مہمانوں سے انہیں دور رکھا گیا، ان سے اگر کوئی کام لیا گیا تو ایسا جو حقارت والا ہو اور جسے اس گھر کے دوسرے لوگ کرنے میں حجاب محسوس کریں، اسی کے ساتھ ساتھ یہ باور کرلیا گیا کہ جو شخص معذور ہو، اپنے کپڑوں کو جو صاف نہ رکھ سکتا ہو، اپنے بدن کی صفائی سے جسے کوئی سروکار نہ ہو، جس کا دل و دماغ درست نہ ہو، اس کی دیکھ بھال پر وقت خرچ کرنا وقت کی بربادی کے علاوہ کچھ نہیں، کیوں کہ انہیں علم نہیں آسکتا اور انہیں تعلیم یافتہ نہیں بنایا جاسکتا۔

جب کہ یہ بھی ایک حقیقت ہے کہ اپنی مسلسل جد وجہد اور محکم یقین کی وجہ سے بہت سے معذور لوگ، صحت مند لوگوں سے علم وعمل میں آگے بڑھ گئے، اپنی خداداد صلاحیتوں کی وجہ سے کتنے کم ہمت غیر معذورین کے لیے عمل کے لیے محرک بن گئے، انہوں نے سوچا جب ایک معذور شخص تعلیم اور قابلیت کے میدان میں اپنی مستقل محنت کی وجہ سے اتنا آگے نکل سکتا ہے، تو ہم ماشاء اللہ صحت منداور تندرست ہیں، ہمارے لیے کام کرنے کے لیے کوئی رکاوٹ اور پیچیدگی نہیں، ہم بھی کچھ محنت کرکے کسی کام کے قابل کیوں نہیں ہوسکتے ہیں؟ اور اپنے جہد مسلسل کے سبب اپنے پیروں پر کیوں نہیں کھڑے ہوسکتے ہیں؟۔

معذورین کی ترقی اور ان کی صلاحیت کی اگر بات کریں تو معلوم ہوگا کہ ہر دور میں ایسے لوگ رہے ہیں جو عذر کے باوجود بہت سے تندرستوں سے آگے ہوگئے، یا کم از کم اس قابل ہوگئے کہ لوگ ان کے عذر اور صلاحیت کو دیکھ کر دنگ رہ گئے، مذہبی اعتبار سے دیکھا جائے تو کہا جاسکتا ہے کہ اگرچہ اللہ نے معذورین کو بہت سے احکام سے مستثنی کیا ہے، کہ وہ اگر فلاں فلاں کام میں حصہ نہ لیں تو ان سے باز پرس نہیں ہوگی، اس کے باوجود انہوں نے رخصت کے بجائے عزیمت پر عمل کرتے ہوئے دشمنوں سے جنگ کرنے کے لیے بھی نکل گئے اور دوستوں کے ساتھ نکل کر میدان جنگ میں نمایاں کارنامہ انجام بھی دیا، ان کا اندھا ہونا مسجد میں جانے اور درس قرآن وحدیث میں شرکت سے روک نہیں سکا۔ ان معذورین میں نہ جانے کتنے حفاظ کرام اور جید قاری ہوئے، بلکہ بہترین عالم دین ہونے کے ساتھ مفتی بھی ہوئے، ابھی دس پندرہ سال کا عرصہ گزرا ہوگا جب سعودی عربیہ کے سب سے بڑے مفتی نابینا تھے، جن کا فرماں روایان مملکت بھی احترام کرتے تھے اور اپنی بغل میں ان کو جگہ دیتے تھے، ان کا نام ''بن باز'' سے مشہور ہے۔ علمائے سلف میں ایسے نہ جانے کتنے مصنفین نابینا علما تھے جن کے علم سے آج امت استفادہ کر رہی ہے، اس موضوع پر پوری ایک کتاب ''نابینا علمائے سلف'' کے نام سے شائع ہو چکی ہے۔ آج کے دور میں بھی بہت سے نابینا حفاظ، علما اور قرا موجود ہیں، جن کے ذہن کی پختگی، ٹھوس صلاحیت اور خداداد ملکہ کو سن کر لوگ حیرت زدہ رہ جاتے ہیں۔

معذوری کے باوجود عالمی پیمانے پر تعلیم کے میدان میں ترقی یافتہ کتنے ایسے نام ہیں جو عالمی شہرت کے حامل ہیں ان میں سماعت و بصارت سے محروم عورت ''ہیلن کیلر'' بہت مشہور ہیں، جنہوں نے نابینائی اور سننے کی طاقت سے محرومی کے باوجود بی اے تک تعلیم حاصل کی اور پھر بہترین معلمہ اور قلم کار بنیں۔ ابھی سال گزشتہ انتقال کر جانے والے مشہور سائنس داں ''اسٹیفن ہاکنس'' بھی ایک مثالی شخص ہیں جو چلنے پھرنے سے مکمل معذور، ہاتھ پاؤں ہلانے سے قاصر، بولنے کی قوت سے محروم، مگر دماغ پوری طرح سے صحت مند ہونے کی وجہ سے کیمبرج یونیورسیٹی میں ایک شعبہ کے صدر رہ چکے ہیں، ہندوستان میں بھی بہت سے لوگ معذوری کے باوجود؛ جنہیں ہاتھ سے لکھنے کی قدرت نہیں، مگر امتحانات میں پیر سے لکھ کر اچھے نمبروں سے کامیاب ہو رہے ہیں۔ بلکہ کتنے پیر سے معذور ہوتے ہوئے بھی تیراکی میں ماہر ہوگئے اور اس کے مقابلے میں حصہ لے کر حوصلہ مندی کی مثال قائم کردی۔ معذور افراد کی ایسی بے شمار کہانیاں حقیقت پر مبنی ہیں جن کے واقعات کو سن کر دانتوں تلے انگلی دبانی پڑ جاتی ہے۔

ہمارے معاشرے میں بہت سے لڑکے یا لڑکیاں سستی اور کاہلی نیز غفلت کی وجہ سے بغیر کسی معذوری کے پست ہمت ہوکر اپنے حوصلے ہار جایا کرتے ہیں، کبھی ناکامی کے زیر اثر احساس کمتری میں مبتلا ہوکر ہمیشہ کے لیے اپنے آپ کو تعلیم یا سخت جد وجہد سے کنارہ کشی اختیار کرلیا کرتے ہیں۔ ان کے لیے معذورین کی یہ بلند ہمتی اور اعلی کارکردگی کچھ سوچنے اور عمل پر کھڑا کرنے کی ترغیب دے سکتی ہے۔ ہم نے ایسے بہت سے معذورین کو دیکھا ہے جو گونگے بہرے یا اندھے ہیں، یا کسی اور عذر کے شکار ہوگئے ہیں، مگر جب ان سے ملاقات کرکے ان سے نرمی سے پیش آیا گیا، ان کو قریب کرکے ان سے محبت ظاہر کی گئی تو انہوں نے اشارے میں بتایا

کہ آج تک ایسی محبت کا معاملہ ان سے کسی نے بھی نہیں کیا، بلکہ گھر والے بھی ان سے دوری بنائے رکھا کرتے تھے، جس کی وہ شکایت بھی کسی سے نہیں کر سکتے تھے، ان پر جب محنت کی گئی، ان کو اشاروں اشاروں میں کلمہ سکھا کر نماز کے لیے کھڑا کیا گیا تو بے چارے مارے خوشی کے اپنے آنسوؤں پر قابو نہ پا کر بلک بلک کر رونے لگے کہ اب تک کسی نے ان کو اس طرف توجہ نہیں دلائی، اور آج وہ پہلی بار اپنے سر کو اللہ کی بارگاہ میں جھکا رہے ہیں، جب قرآن شریف ان کے سامنے پڑھا جانے لگا تو اپنی جہالت اور اب تک کی محرومی کی بنا پر پھوٹ پھوٹ کر رونے لگے، اپنا ہاتھ قرآن پاک پر رکھ کر پھیرنے لگے، اسے اپنے سینے سے لگانے لگے اور اشاروں میں کہنے لگے کہ یہ میرے رب کا کلام ہے، میرے اللہ کا کلام ہے۔ ہم نے ان گونگوں بہروں کی تقریر بھی اشاروں میں سنی، جس کا پھر ترجمہ سنایا گیا۔ اگر کسی زبان کو عالمی زبان کہا جا سکتا ہے تو وہ ''اشاروں کی زبان'' ہے، معلوم ہوا کہ اگر ان پر محنت کی جائے تو وہ اپنے اپنے ہم زبانوں میں بھی جا کر دین کا کتنا کام کر سکتے ہیں۔

ہماری ذمہ داری یہ ہے کہ ہم اپنے ارد گرد کے معذورین اور ان کے سرپرستوں سے مل کر ان کا حوصلہ بڑھائیں، ان میں احساس کمتری نہ پیدا ہونے دیں، ان کو تعلیم کے میدان میں آگے بڑھنے کا حوصلہ پیدا کریں، ان کے ساتھ نارمل بچوں سے زیادہ محبت اور شفقت سے پیش آئیں، انہیں نظر انداز کرنے یا حقیر و ناکارہ سمجھنے کے بجائے ان سے قربت پیدا کریں، ان سے پیار کا احساس جگائیں، ان کے کپڑے وغیرہ صاف ستھرا رکھنے کی کوشش کریں، مہمانوں سے انہیں دور نہ رکھیں، اور اپنے دل میں یہ بات اچھی طرح بیٹھا لیں کہ ان معذورین کی وجہ سے اللہ تعالیٰ ہمیں بھی رزق عطا فرما رہا ہے، کیوں کہ حدیث میں ہے، جب ایک صاحب نے گھر کے ضعیف اور معذور کی دیکھ بھال وغیرہ کے بارے میں سوال کیا تو نبی ﷺ نے فرمایا کہ (ان کو اپنے اوپر تم لوگ بوجھ سمجھ رہے ہو، جب کہ) تم لوگوں کو انہی کمزوروں اور مجبور لوگوں کے طفیل رزق دیا جا رہا ہے۔ اس لیے کون جانتا ہے کہ ہم جن کو نظر انداز کر رہے ہیں، ان ہی کی برکت سے ہم کھا پی رہے ہیں۔ پھر کیوں ان سے دوری رکھی جائے، یا ان سے نفرت کی جائے؟ ایسی حالت میں ایسے گھر والوں اور ان کے سرپرستوں کا امتحان مقصود ہوتا ہے اور رزق رسانی بھی۔

ہر جگہ ایسے معذورین کی تعلیم وتربیت کے لیے بڑے بڑے ادارے کھل گئے ہیں، نیز ان کی تعلیم وتربیت، لباس و خوراک اور دوسری قسم کی مدد کے لیے سرکاری طور پر بہت سی سہولتیں مہیا کرائی جاتی ہیں، ہندوستان میں بھی ایسے حضرات کے لیے بڑی بڑی رقمیں پاس کی جاتی ہیں جو ایسے لوگوں پر خرچ کی جاتی ہیں تا کہ انہیں معاشرہ میں عزت کا مقام دیا جا سکے اور وہ اپنی روزی روٹی کے لیے کسی کے محتاج نہ رہ جائیں اور بہت سے جاہل لوگوں کی طرح گھر سے باہر سڑکوں اور مزاروں پر جا کر لوگوں کے سامنے ہاتھ پھیلانے والے نہ بنیں، جنہیں لوگ حقارت سے دیکھ کر گزر جاتے ہیں یا پھر ان کے ہاتھ میں کچھ ڈال دیتے ہیں۔

اسی وجہ سے ہر سال ۳ر دسمبر کو ''عالمی یوم معذور'' (InterNational Day OF Persons With Disabilities) منایا جاتا ہے تا کہ ایسے لوگوں پر پوری توجہ دی جا سکے اور ہر خاص و عام میں ان کے تعلق سے بیداری لائی جا سکے۔ اسے بین الاقوامی سطح پر ۱۹۹۲ء سے ادارہ اقوام متحدہ فروغ دے رہا ہے، ۱۹۸۱ء کو ادارہ اقوام متحدہ کی جانب سے ''معذور افراد کا بین الاقوامی سال'' قرار دیا گیا، اس بات کا اعلان ۱۹۷۶ء میں کیا گیا تھا، اس کا مقصد معذور افراد کو بھی سماج میں باز آباد کرنا اور انہیں ایک باوقار درجہ دلانا ہے، اس کے ساتھ ہی ۱۹۸۳ء۔ ۱۹۹۲ء کو اقوام متحدہ کی جنرل اسمبلی کی جانب سے ''معذور افراد کا اقوام مرحدہ کا دہا'' قرار دیا گیا تھا۔ اس دن کا مقصد معذوروں کے مسائل اور معذور افراد کے بنیادی حقوق کے تئیں بیداری لانا ہے، جو معذور افراد کو سماج کے دھارے سے جوڑنے کے لیے بہت ضروری ہے۔

محمد تنظیم عالم ۔ پی ایچ ڈی اسکالر، شعبۂ ترجمہ مولانا آزاد نیشنل اردو یونیورسٹی

علامہ سید سلیمان ندوی کا تاریخی شعور

بیسویں صدی عیسوی میں جن عظیم شخصیات نے اپنے علم وفن کے ذریعے قوم وملت کی خدمات کا عظیم فریضہ انجام دیا ہے ان میں علامہ سید سلیمان ندویؒ کا نام سرفہرست ہے۔ وہ عہد آفریں شخصیت کے مالک، بالغ نظر عالم دین، صاحب طرز ادیب، علوم قرآنی کے رمز شناس، احادیث کے پارکھ اور مایۂ ناز محقق ومصنف تھے۔ ایک طرف عالمی سطح کے سیاست داں اور عظیم مفکر ومدبر تھے تو دوسری طرف تصوف وسلوک میں اپنی کوششوں سے خلافت اور معرفت الٰہی کے مقام پر فائز تھے۔ جس طرح علمی تنقید وتبصرہ، تصنیف وتالیف، تحقیق وتدوین میں ان کی عظمت کا اعتراف سبھوں نے کیا ہے اسی طرح ان کی تاریخی بصیرت، شعروشاعری، صحافت وخطابت اور انشاپردازی مسلّم تھی۔ وہ لکھتے تھے اور خوب لکھتے تھے، انداز نہایت سادہ، سلیس اور عام فہم ہوتا تھا، بھاری بھرکم اور غیر مانوس الفاظ سے مکمل اجتناب کرتے، مشکل اور پیچیدہ سے پیچیدہ مضامین کو اس طرح بیان کرتے کہ ان کے سمجھنے میں کسی طرح کی دشواری کا احساس نہیں ہوتا تھا، ان کی پوری کتاب پڑھ جایئے کہیں بھی بے ربطی کا احساس نہیں ہوگا ایسا معلوم ہوتا ہے کہ تمام جملے ترتیب کے ساتھ ایک ہار میں پرو دیئے گئے ہیں اور ایک کے بعد دوسرے جملے کی طلب ہورہی ہے۔

ویسے تو انہوں نے سوانح، تاریخ، تذکرہ، علم قرآن، ادب، صحافت اور سیاست وغیرہ درجنوں موضوعات پر لکھا ہے اور جس پر بھی لکھا ہے حق ادا کردیا ہے لیکن خاص طور پر سیرت نگاری میں انہیں جو شہرت ملی بہت کم اس کی مثالیں موجود ہیں۔ علامہ شبلی نعمانی کے زیر تربیت دینی شعور ملا، عشق مصطفیٰ اور سوز دروں حاصل ہوا اور ادھر حضرت مولانا اشرف تھانویؒ کی نگاہِ محبت نے انہیں کامل انسان بنادیا، دل میں ایمان ویقین کی ایسی کیفیت پیدا کی کہ وصال خداوندی کی تڑپ اور محسن انسانیت ﷺ کی قربت ان کی سب سے بڑی آرزو بن گئی، اس نے سیرت نگاری میں لذت پیدا کردی، چنانچہ علامہ شبلی نعمانیؒ کے بعد جب باقی کام ان کے سپرد ہوا تو بڑی خوش اسلوبی سے اس کی تکمیل کی، وہی انداز اور وہی اسلوب جو علامہ شبلی کا تھا انہوں نے اختیار کیا اور اخیر تک اس کو باقی رکھا، تحریر عشق نبویؐ میں ڈوبی ہوی ہے اور ہر بات میں صحت کے معیار کو ملحوظ رکھا گیا ہے، جس واقعہ میں شبہ پیدا ہوا اس کو چھوڑ دیا ہے اسی طرح واقعہ کا جتنا حصہ صحیح سند کے ساتھ مذکور ہے صرف اسی کو انہوں نے کتاب میں درج کیا ہے۔ عام طور پر سیرت، تاریخ اور وعظ و نصیحت کی کتابوں میں رطب ویابس کو جمع کردیا جاتا ہے اور صحت کا اہتمام نہیں کیا جاتا لیکن سید صاحب نے جو بھی لکھا اور جہاں بھی لکھا صحت کا مکمل اہتمام کیا ہے اور کوشش کی ہے کہ بے سند باتیں کتاب میں ہرگز نہ لکھی جائیں۔ اسی لئے شاعر مشرق علامہ اقبال نے علامہ شبلی کے بعد انہیں استاذ الکل، رئیس العلماء اور علوم اسلامیہ کی جوئے شیر کا فرہاد قرار دیا تھا۔ (اقبال نامہ صفحہ ۷، مرتبہ شیخ عطاء اللہ، دارالمصنفین اعظم گڑھ)

علامہ سید سلیمان ندویؒ سرچشمۂ عقل ودانش اور سراپا علم و فضل تھے، وہ اپنی ذات میں انجمن اور ہمہ جہت صلاحیتوں کے مالک تھے ان صفحات میں ان کی علمی خوبیوں اور کمالات کی جھلکیاں پیش کرنا بھی دشوار ہے البتہ ان کی تاریخی بصیرت اور

اس باب میں ان کی انفرادیت پیش کرنا میں مناسب سمجھتا ہوں جس کے لئے انہوں نے زندگی بھر محنت کی اور اس کو انہوں نے اپنی زندگی کا مقصد بنایا تھا۔ دیگر فنون کی طرح انہوں نے تاریخی واقعات کو بھی اپنے معیار پر پرکھا جانچا اور جچے تلے الفاظ میں حقائق کو قلمبند کیا ہے۔ تاریخ اسلام اور تاریخ ہند کو خاص طور پر انہوں نے اپنا موضوع بنایا ،جب بھی کسی نے اسلام یا ہندوستان کی تاریخ بیان کرنے میں غلط بیانی سے کام لیا اور حقائق کو چھپانے کی کوشش کی یا کسی نے بے جا اعتراضات کیئے تو سب سے پہلے سید صاحب کا قلم نیام سے باہر نکلا اور دوٹوک انداز میں بڑی جرأت کے ساتھ مسکت جواب لکھا کہ دشمنان اسلام یا حاسدین وطن کو خاموش ہونے اور اپنی غلطی تسلیم کرنے پر مجبور ہونا پڑا۔ علامہ سید سلیمان ندویؒ مؤرخین کی بجا طور پر گرفت کرتے اور اپنے علم و تحقیق کی روشنی میں صحیح رہنمائی کرتے۔ ان کا کہنا تھا کہ تاریخ کسی بھی قوم کی روح ہوتی ہے ،اس کے پڑھنے سے اس قوم کے عہد کی تہذیب وتمدن اور طرز معاشرت کا منظر سامنے ہونا چاہئے۔ تاریخ صرف بادشاہوں کی تعریف ، ان کی سرگذشت اور کارناموں کے تذکرے کا نام نہیں ہے بلکہ ہر زمانے کی تاریخ اس زمانے کی تہذیبی عکاس ہوتی ہے، جس کا خیال بہرحال ایک مؤرخ کو رکھنا چاہئے، ورنہ بادشاہوں کے صرف واقعات یاد رہ جائیں گے اور نقوش وآثار کا نام ونشان نہیں رہے گا۔

ڈاکٹر محمد الیاس الاعظمی علامہ سید سلیمان ندویؒ کی تاریخی بصیرت اور اس عنوان سے ان کی تاریخی کوششوں پر تجزیہ کرتے ہوئے لکھتے ہیں:

"تاریخ کے علم وفن پر سید صاحب کی گہری نظر تھی ،انہوں نے اسلام اور ہندوستان دونوں کی تاریخ کا نہایت محنت اور باریک بینی سے مطالعہ کیا تھا، قدیم مؤرخین اسلام کے اصول ونظریات سے واقف ہونے کے علاوہ وہ جدید مؤرخین اور ان کے اصول و طرز فکر سے بھی باخبر تھے۔ علامہ شبلی کے نظریۂ تاریخ سے ان کا متاثر ہونا فطری تھا، چنانچہ وہ اسی نظریۂ شبلی کے ہمیشہ مکمل پیرو وتبع رہے، ان کی تصنیفات میں اگر چہ کوئی مستقل کوئی تاریخ نہیں لیکن تاریخ کے متعدد پہلوؤں پر ان کی تحریریں فن واصول تاریخ کی حیثیت سے بہت اہم ہیں جن کی نمایاں خوبی اپنے عہد کے رواج کے مطابق تہذیبی وتمدنی تاریخ کا مطالعہ تجزیہ ہے ان کے سیکڑوں تاریخی مضامین میں دو ایسے ہیں جن کا تعلق خالص سیاسی تاریخ سے ہے، بقیہ مضامین خواہ وہ تاریخ اسلام یا تاریخ ہند سے متعلق ہوں ان کا تعلق تہذیبی وتمدنی تاریخ سے ہے۔

سید صاحب کا خیال تھا کہ تاریخ قوموں کی روح ہوتی ہے اور وہ صرف بادشاہوں کے کارناموں کا نام نہیں بلکہ ہر زمانے میں ملک کی عام علمی، تمدنی ، معاشرتی اور اخلاقی کیفیات کا جائزہ ہی تاریخ کا اہم موضوع ہے ،ان کو احساس تھا کہ قدیم تاریخوں کا بہت بڑا نقص رہا ہے کہ ان میں صرف سیاسی واقعات لکھے گئے اور قدیم مؤرخین نے اسی کو اصل تاریخ تصور کیا جس سے یہ نقصان ہوا کہ تہذیب وتمدن کے بہت آثار ونقوش مٹ گئے۔ تہذیب ومعاشرت کی تاریخ پر وہ اسی لئے بہت زور دیتے تھے" (علامہ سید سلیمان ندوی بحیثیت مؤرخ صفحہ ۲۔ مطبوعہ خدا بخش اورینٹل پبلک لائبریری پٹنہ)۔

مثال کے طور پر یہاں مؤرخین کی چند غلط بیانیاں پیش کردینا مناسب معلوم ہوتا ہے جن کو علامہ سید سلیمان ندویؒ نے آڑے ہاتھوں لیا اور دیگر مصنفین کی طرح یہ خاموش نہیں بیٹھے

بلکہ جہاں تک ہو سکا حقائق بیان کر کے اپنی غیرت مندی کا ثبوت دیا اور لوگوں کے ذہن و دماغ سے تعصب کا پردہ ہٹا کر اپنا مذہبی اور قومی فریضہ پورا کیا۔ چنانچہ مسلمان بادشاہوں پر ہمیشہ غیر مسلموں کی جانب سے یہ اعتراض کیا جاتا رہا ہے کہ انہوں نے ہندوؤں کو زبردستی اسلام میں داخل کیا ہے، اسلام یا جزیہ ادا کئے بغیر انہیں ایک سکنڈ کے لئے یہاں ٹھہرنے کی اجازت نہیں تھی۔ ان کے جبر و اکراہ کی وجہ سے خاندان اور بستی کے بستی اپنے مذہب کو چھوڑ کر اسلام میں داخل ہو گئے، ان کی جان و مال اور عزت و آبرو خطرے میں تھی، اس لئے اپنی جان و مال اور عزت و دولت کو محفوظ رکھنے کے لئے ان لوگوں نے ایسا کیا اور اسلام کے دامن میں پناہ لی، خوش دلی سے وہ اسلام میں داخل نہیں ہوئے۔ آج ہندوستان میں ان ہی مسلمانوں کی اکثریت ہے۔

اس طرح کے متعصبانہ خیالات اور نفرت انگیز باتوں کو پھیلانے میں انگریز مؤرخین پیش پیش تھے۔ کیوں کہ جب انہیں محسوس ہوا کہ آزادی کی لڑائی میں ہندو مسلم دونوں متحد ہیں اور دونوں مل کر انگریزوں کے ہندوستان میں محاذ قائم کئے ہوئے ہیں، جب تک یہ دونوں متحد رہیں گے ہماری حکومت میں استحکام پیدا نہیں ہو سکتا خطرہ ہے کہ دونوں کے اتحاد سے ایک دن ہندوستان چھوڑ دینا پڑے۔ اس لئے کچھ انگریز مؤرخین نے ہندو مسلم اختلاف کو ہوا دینے اور دونوں کے درمیان خلیج پیدا کرنے کی طرف توجہ دی اور اس مقصد کی تکمیل کے لئے اسلام اور مسلمانوں سے متعلق تاریخ بیان کرنے میں غلط بیانی سے کام لیا، ہندوستان کے مسلم حکمرانوں اور بادشاہوں کو ظالم و جابر، ہندو کش، بت شکن علوم و فنون کا دشمن ثابت کرنے کی مکمل کوشش کی، خاص طور پر بت شکنی کے فرضی واقعات کو بڑھا چڑھا کر پیش کیا، مذہب اور عقیدہ سے تمام لوگوں کو جذباتی تعلق ہوتا ہے اور اس کے تئیں نفرت کے جو جذبات پیدا ہوتے ہیں وہ جلدی سے ختم نہیں ہوتے، انگریز مؤرخین نے اس لئے بھی مذہب اور عقائد کو چھیڑا اور اس کو ہندو مسلم کا موضوع بنایا، اس سے غیر مسلموں میں نفرت و عداوت کے جذبات پیدا ہوئے، مسلمانوں سے ہندوؤں کی نفرتیں اتنی بڑھیں کہ وہ مسلم بادشاہوں کو اپنا دشمن سمجھنے لگے اور مسلمانوں کی حکومت کے بجائے انگریزوں کو ترجیح دینے لگے اور اس طرح آزادی کی جنگ متاثر ہونے لگی اور سامراجی حکومت کے خلاف جوش میں کافی حد تک کمی ہو گئی۔

سید صاحب نے انگریز مؤرخین کے منصوبوں اور ان کے دوررس اثرات کو بھانپ لیا، چنانچہ انہوں نے ایک ایک کر کے جواب دیا اور بہتر انداز میں ان کے پھیلائے ہوئے نفرت انگیز خیالات کا ازالہ کیا۔ عیسائی مؤرخ مسٹر اسمتھ نے تاریخ ہند پر ایک کتاب مرتب کی جس میں انہوں نے لکھا تھا کہ "مسلمانوں نے ہندوستان آ کر تلوار کی نوک سے اپنا مذہب پھیلایا اور کسی کو ایک بھاری (جزیہ) ادا کئے بغیر اپنے مذہب پر قائم رہنے کی اجازت نہیں دی" (شذرات سلیمانی جلد ۲ صفحہ ۳۰۷) یہ کتاب میواڑ یونیورسٹی اور دیگر اداروں میں نصاب میں داخل کی گئی اور باضابطہ اس کی تعلیم شروع ہوگئی۔ علامہ سید سلیمان ندویؒ کو جب اس کی اطلاع ملی تو وہ بے چین ہو گئے اور اس میں بیان کئے گئے نظریات کی مؤثر انداز میں تردید کی اور انہوں نے دلائل سے ثابت کیا کہ ہندوستان میں اسلام کی تبلیغ و اشاعت تلوار کے زور سے نہیں ہوئی بلکہ اس کا فروغ بھی اسی طرح ہوا جس طرح دنیا کے دوسرے مذاہب کا ہوا یعنی اپنی مرضی اور پسند سے اس مذہب کو لوگوں نے اختیار کیا کسی نے انہیں جبر نہیں کیا ہے۔ انہوں نے ایک جگہ لکھا کہ:

"اولاً تو یہ جان لینا چاہئے کہ یہ بھاری رقم (جزیہ) کیا ہے۔ دولت مندوں سے دس روپئے اور غریبوں سے

ڈھائی روپئے، عورتیں بچے بوڑھے معذور، مذہبی اہل منصب مستثنیٰ' ثانیاً کیا مؤرخ مذکور کو اس نوک شمشیر سے مسلمان کرنے کا کوئی واقعہ معلوم ہے اور اگر ہے تو کیا رومی عیسائی شہنشاہوں کی مملکت میں بت پرستوں کو اور سواحل ہند پر قبضہ کر کے ہندوؤں کو زبردستی عیسائی بنانے کے واقعات سے وہ زیادہ ہیں" (شذرات سلیمانی جلد۲ صفحہ ۳۰۷)۔

سید صاحب نے مؤرخ کے لہجے میں ہی الزامی اور تحقیقی جواب دیا اور تفصیل سے اس پر انہوں نے مقالہ لکھ کر اس کی غلط بیانی کا پردہ چاک کیا۔ یہ پوری تحریر ماہنامہ معارف اعظم گڑھ میں ۱۹۴۴ء کے جنوری، فروری اور اگست کے شماروں میں شائع ہوئی ہے۔ انہوں نے اسی پر بس نہیں کیا بلکہ یونیورسٹی کے ذمہ داروں کو ایسی متنازع کتاب نصاب میں شامل کرنے پر متنبہ کیا اور اس کے برے اثرات سے انہیں خبردار کیا اور اس کتاب کو فوری نصاب سے خارج کردینے یا اس کی اصلاح کا مطالبہ بھی کیا۔

اورنگ زیب عالمگیرؒ کا نام ہندوستان کی تاریخ میں ہمیشہ یاد رکھا جائے گا، وہ مغل باشاہوں میں نامور، متقی اور خدا ترس بادشاہ تھے۔ دوست، دشمن، مشرقی اور مغربی تمام مفکرین انہیں زہد پیشہ اور اور متقی جانتے ہیں اور ان کے بارے میں بہتر خیالات کا اظہار کرتے رہے ہیں لیکن بعض متعصب انگریزوں نے غلط مقاصد کے پیش نظر انہیں مطعون اور مجروح کیا ہے اور مختلف الزامات ان پر عائد کئے ہیں۔ ہندوؤں کو ابھارنے اور ان میں جذبۂ انتقام پیدا کرنے کے لئے اورنگ زیب عالمگیرؒ کو ہندوؤں کا دشمن اور بت شکن ثابت کرنے کی ناپاک کوشش کی اور اس کو اتنا دہرایا گیا کہ انہیں ہندو کش سمجھا جانے لگا بلکہ آج تک غیر مسلموں کو ان پر سخت اعتراض ہے اور ان کے بارے میں غلط سوچ رکھتے ہیں۔

اورنگ زیب عالمگیرؒ پر جتنے بھی الزامات عائد کئے گئے ہیں اور ان کے بارے میں جو باتیں بھی کہی گئی ہیں علامہ شبلی نعمانیؒ نے ان کا مفصل جواب دیا اور "اورنگ زیب عالمگیر پر ایک نظر" کے نام سے ایک رسالہ مرتب کیا جس میں علمی انداز میں گفتگو کی گئی ہے۔ انصاف کی بات یہ ہے کہ اس رسالہ کے بعد اعتراضات کی کوئی گنجائش باقی نہیں رہتی تاہم علامہ سید سلیمان ندویؒ نے اپنے دور میں دیکھا کہ پھر وہی الزامات دہرائے جارہے ہیں اور بعض نئے اعتراضات بھی اٹھائے گئے ہیں جن کا جواب اس سے پہلے نہیں دیا گیا ہے، سید صاحب نے بحیثیت مؤرخ ازسرنو ان تمام الزامات کا جائزہ لیا اور ہر ایک کے الگ الگ جوابات دیئے۔ (تفصیل کے لئے دیکھئے شذرات سلیمانی حصہ دوم صفحہ ۱۳۳،۱۳۴)۔

تاج محل اور لال قلعہ کی حیثیت اقوام عالم کی نظر میں مسلّم ہے، پوری دنیا میں انہیں عجوبہ کے طور پر دیکھا اور سنا جاتا ہے، آج بھی ساری دنیا سے لوگ اس کے مشاہدہ کے لئے آتے ہیں اور ان دونوں کے نقش ونگار، طرز تعمیر اور ان کی خوبصورتی پر حیرت کا اظہار کئے بغیر نہیں رہتے۔ اس کے لئے اس کا معمار اور انجینئر یقیناً قابل ستائش ہے اور اس کے دماغ کی کارکردگی سراہے جانے کے قابل ہے، یہ مسلمانوں کے لئے عظمت کی بات ہے کہ اس کا حقیقی معمار ایک مسلمان نادر العصر استاذ احمد لاہوری ہے۔ چوں کہ ان عجیب وغریب عمارتوں کے معمار مسلمان ہونے سے مسلمانوں کا نام روشن ہورہا تھا اس لئے انگریز مؤرخین نے یہ روایت گھڑی کہ اس کا معمار کوئی مسلمان نہیں بلکہ اطالوی ماہر تعمیر تھا۔ علامہ سید سلیمان ندویؒ نے نہایت ہی تحقیق اور جستجو سے ان مؤرخین کی تردید کی اور دلائل کی قوت سے یہ ثابت کیا کہ ان عمارتوں کے معمار کوئی اطالوی اور انگریز نہیں بلکہ مسلمان تھا۔ سید صاحب نے استاذ احمد لاہوری اور

اس کے خاندان کی تاریخ اور ان کے علمی و تعمیری کارناموں کی تفصیلات پیش کیں۔ معروف مؤرخ مولانا شاہ معین الدین احمد ندوی لکھتے ہیں:

''تاریخ میں پہلی مرتبہ اس خاندان کے مورث اعلی نادر العصر استاذ احمد معمار شاہ جہانی لاہوری کے حالات اور اس کے بیٹے لطف اللہ مہندس کی معاصرانہ شہادت سے یہ ثابت کیا گیا ہے کہ تاج کا معمار درحقیقت یہی استاذ احمد معمار شاہ جہانی لاہوری ہے۔استاذ احمد ہندسہ، ہیئت اور ریاضیات کا بڑا عالم تھا۔ان تحقیقات سے وہ تمام افواہیں جو تاج محل کے معماروں کے متعلق مشہور تھیں بے سروپا ہو گئیں'' (حیات سلیمانی صفحہ ۳۹۹)۔

علامہ سید سلیمان ندویؒ نے تاریخ میں در آنے والی گمراہ کن باتوں کا ہمیشہ پردہ چاک کیا ہے اور تمام مؤرخین کو بالخصوص مسلم تاریخ نگاروں کو مشورہ دیا ہے کہ وہ پوری امانت داری سے کام کریں۔کسی چیز کو لکھنے سے پہلے خود اس کی تحقیق کریں اور جب تک اطمینان نہ ہو جائے اس کو ہرگز قلمبند نہ کریں۔تحقیق مکمل ہو جانے کے بعد بعینہ اپنی معلومات لکھ کر آگے بڑھائیں چوں کہ ان کی لکھی ہوی تاریخ پر ہی آئندہ کے مؤرخین اپنی عمارت کھڑی کریں گے اور سارے لوگوں کے لئے وہی مرکز بحث ہوگی اور اسی پر اعتماد کریں گے اس لئے کسی کے دباؤ یا چاپلوسی میں آکر اپنی معلومات میں خیانت نہ کریں اور نہ کسی کی تقلید میں تاریخ مرتب کریں، یہ نازک ترین فن ہے اس کی نزاکت اور خوبصورتی سے ہمیں ہرگز کھلواڑ نہیں کرنا چاہئے۔

سید حسین مهدی

سلطنت آصف جاہی کی فارسی خدمات: ایک مختصر جائزہ

آصف جاہی حکومت کی بنیاد ۱۷۲۴ء میں منطقۂ دکن کے شہر حیدرآباد میں پڑتی ہے اس حکومت نے بھی گزشتہ حکومتوں کی طرح فارسی زبان و ادب کی خدمات کو بخوبی انجام دیا۔ بادشاہان وقت نے نہ صرف شاعروں اور ادیبوں کو تشویق دی بلکہ ان کی سرپرستی اور وظیفے بھی معین کیے کثیر تعداد میں مدرسے، اسکول کھلوائے اور فارسی زبان کو عام بول چال بنائے رکھا اس دور کے ادیبوں نے ہر موضوع پر طبع آزمائی کی اور مختلف موضوع میں بہترین و بے نظیر ادبی نمونے پیش کیے اس حکومت کے بعض بادشاہ خود ادیب و شاعر و مصنف تھے جنھوں نے نظم ونثر دونوں ہی فن میں اپنی صلاحیتوں کا بہترین مظاہرہ کیا اور تا حیات فارسی زبان وادب کی خدمات انجام دیتے رہے۔

کلیدی الفاظ:
آصف جاہیان، دکن، چوتھ، کتبے، مقبرۂ شمس العلماء پائیگاہ و مسجد

جودی سرزمین دکن کی تاریخی، ادبی و فرہنگی حیثیت روز روشن کی طرح واضح اور عیاں ہے۔ منطقہ دکن کی سرحدوں کے تعین مورخین کے درمیان ایک اختلافی موضوع تو ہے لیکن عرف عام میں موجودہ شہر حیدرآباد کو دکن سمجھا جاتا ہے۔ سال ۱۲۰۶ میں سرزمین دہلی پر ایک ایسی حکومت کی بنیاد پڑی جس کے اثرات صدیوں تک ہندوستان پر رہے اور جس کی باگ ڈور محمد غوری کے ہاتھوں میں تھی۔ ایک صدی بھی گزرنے نہیں پائی تھی کہ اس کی جڑیں بنگال سے سندھ و جنوب میں دریائے نرمدا تک پھیل گئی تھیں۔

علاؤالدین خلجی کی فتوحات کی وجہ سے دکن میں مسلمانوں کی حکومت قائم ہوئی جو کہ آزادیٔ ہند تک قائم رہی اس اثنا میں کئی حکومتوں کا وجود سرزمین دکن پر ہوا۔ جب دہلی سلطنت کا زوال ہوا تو دکن میں بہمنی حکومت وجود میں آئی اور جب بہمنی حکومت کا زوال ہوتا ہے تو دکن میں پانچ نامور حکومتیں نظام شاہیان، عادل شاہیان، برید شاہیان، عماد شاہیان و قطب شاہیان وجود میں آئیں ان میں حکومت نظام شاہی، عادل شاہی اور قطب شاہی تاریخ میں نمایاں حیثیت رکھتی ہیں۔

طول مضمون سے گریز بقیہ حکومتوں سے صرف نظر کر کے قطب شاہیان کا اجمالاً ذکر مناسب رہے گا اس لئے کہ جس حیدرآباد پہ آصف جاہیوں کی حکومت تھی اس کی بناء قطب شاہیوں کی بناء پر رکھی تھی تو اس طرح دونوں حکومتوں کے بیچ ایک خاص تاریخی رشتہ بھی ہے۔

اس سلسلہ کے بانی سلطان قلی قطب ملک ہیں جنھوں نے ۱۵۱۸ میں اس کی بنیاد گولکنڈہ میں رکھی اور اسی سلسلہ کا ایک بادشاہ جس کا نام سلطان محمد قلی تھا اس نے اپنی ہمسر کے نام پر ایک شہر کی بنیاد رکھی جس کا نام "بھاگ نگر" تھا لیکن پھر بعد میں اس شہر کے نام کو اپنی بیٹی کے اسم سے منسوب کر حیدرآباد کر دیا جہاں آصف جاہیان معروف بہ (Nizams of Hyderabad) حکومت کرتے تھے اس شہر کی شان و شوکت میں مزید اضافہ اس وقت ہوا جب نظام الملک آصف جاہ دوم نے ۱۷۶۳ میں اسے اپنا مرکز بنایا۔

اس شہر نے ہمیشہ سیاسی، اقتصادی و سماجی نشیب و فراز دیکھا لیکن فرہنگ و ثقافت اور ادب میں ایک نمایاں کردار بھی ادا کیا آصف جاہی سلطنت کے بانی میر قمرالدین نظام

الملک کا تعلق ایک ترکستانی خانوادہ سے تھا اور ان کے آباواجداد حکومت مغل میں منصب بالا پر فائض تھے محمد شاہ رنگیلا بادشاہ مغل نے نظام الملک کو آصف جاہ کے لقب سے نواز کر اس خاندان کی عزت اور نظام الملک کے شرف کو دوبالا کردیا۔

سیاسی اعتبار سے دیکھا جائے تو یہ ایک مستحکم اور مضبوط حکومت تھی نظام الملک اول کے ہاتھوں میں حکومتی اور دینی دونو امور کی باگڈور تھی اور وہی مختار کل کے ساتھ ساتھ وفادار مغل بھی تھے۔لیکن ان کے بعد چودہ سال کا حرج ومرج بھی اس حکومت کو دیکھنا پڑا جس کے بعد سے انگریزوں کی دخل اندازی حکومت میں بڑھتی گئی اور آخری زمانے تک ختم نہیں ہوئی اس سلسلہ میں فرانسوی دخل اندازی کو بھی درکنار نہیں کیا جاسکتا یہاں تک کہ حکومت کو انگریزی فوج کے لئے سکندرآباد کو آباد کرنا پڑا اور اسی وفاداری کے صلہ میں ملکہ وکٹوریہ نے G.C.S.[1] کے لقب سے بھی نوازا۔

سماجی اعتبار سے یہ حکومت بہت مقبول رہی اس حکومت نے نہ صرف قطب شاہی حکومت کی پیروی کی بلکہ سیکیولرازم کی بنیاد کو مزید مضبوط کیا ہندو و مسلم اور دوسرے فرق و مذاہب کے لوگ بڑے پر اطمینان وسکون کے ساتھ زندگی گزارتے تھے۔ رسم ''ستی'' کو ختم کر کے اور عورتوں کی فوج بنا کر نہ صرف ہندو عورتوں کو بلکہ اس پوری صنف کو سماج میں وقار بخشا تعلیمی معیار کو بلند کیا جگہ جگہ اسکول، کالج، یونیورسٹیاں اور کتب خانے کھلوائے اور طلاب کے لئے وظیفہ بھی معین کئے۔ اسکول میں پڑھنے سے لیکر حصول کار تک کسی کو بھی کسی بھی اعتبار کا نہ کوئی تعصب اور نہ ہی نفرت وکینہ کا سامنا کرنا پڑتا تھا سیکیولرزم کی بنیاد اتنی مضبوط کی گئی کہ محبوب علی خان کے دور میں عوام اپنے نام کے ساتھ ان کا نام بھی جوڑنے لگی تھی۔

اقتصادی اعتبار سے یہ حکومت ہمیشہ سے مضبوط رہی ان کا اداری سسٹم بہت مضبوت اور ٹیکس سسٹم بہت ہی آسان تھا کبھی حکومت نے بحرانیت کا بھی زمانہ دیکھا خصوصاً ناصر جنگ، مظفر جنگ وصلابت جنگ کے دور میں اور اس کے بعد جب مراٹھا نے اس حکومت پر ''چوتھ'' اور دوسرے ٹیکس لگائے لیکن اس کے باوجود میدان اقتصاد میں آصف جاہیوں نے بہت ترقی کی بحرانیت پر قابو پانے کے لئے مختلف طرح کے کارخانے لگائے جیسے روئی، کاغذ وسیمینٹ کے کارخانے وغیرہ۔ کشاورزی سسٹم کو درست کیا ملکی وغیر ملکی تجارت بحری تجارت وغیرہ کو خوب فروغ دیا تحفے وتحائف کو بیت المال کے سپرد کیا جانے لگا انہیں اقدام ودوراندیشی کا نتیجہ تھا کہ ایک زمانہ ایسا بھی آیا کہ اس حکومت کا آخری نواب دنیا کے ثروت مندترین لوگوں میں شمار ہونے لگا۔

اس دور کو فارسی زبان وادب کی ترقی کے نقطۂ نظر سے دیکھنا بھی بہت ضروری ہے۔اس دور میں فارسی ادب کو جو بھی ترقی اور بلندی حاصل ہوئی ہے اس میں کوئی شک نہیں کہ ہندو ایران کے درمیان کئی صدیوں کے قدیمی رشتے ورابطہ، ہندوستان میں زبان فارسی کی قدردانی مسلم حکومتوں کی استحکامی دونوں ملک کے صوفیائے کرام، طلباء، دانشمندوں، شاعروں ومصنفین کی آمدورفت اور بادشاہوں کا ادب دوست اور ادب پرور ہونے کا ہی نتیجہ ہے۔

غزنوی حملے سے پہلے زبان فارسی کا وجود ہندوستان میں تقریباً نہ کے برابر تھا لیکن اس کے بعد خصوصاً سلطنت دہلی کے قیام کے بعد زبان فارسی کی نشونما بہت تیزی سے ہوئی اور دیکھتے ہی دیکھتے پورے ہندوستان میں پھیل گئی گرچہ منطقہ دکن میں تھوڑا دیر سے پہنچی لیکن جس طرح زبان فارسی ہندوستان میں حملہ غزنوی کے بعد پہنچی بالکل ویسے ہی منطقہ دکن میں زبان فارسی کی رسیدگی علاء الدین خلجی کے حملے کے بعد ہوئی۔دکن

Grand Command Star of India)

میں بھی زبان فارسی کو وہی اہمیت و بلندی نصیب ہوئی جو اسے شمال ہند میں ملی تھی دکن میں بھی مختلف جگہوں پہ مؤسسہ و مدرسے قائم ہوئے جنہوں نے فارسی زبان اور اس کے ادب میں ایک نمایاں کردار ادا کیا ان میں اپیچ پور، گلبرگہ و دولت آباد خاص حیثیت رکھتے ہیں ۔دکن میں شمال ہند کی طرح مختلف موضوع پر کثرت سے کتابیں لکھی گئیں جس میں تاریخ، داستان، شعر، نثر، حماسی، مثنوی وحکایت وغیرہ شامل ہیں۔

دکن میں زبان فارسی کا سفر بہمنی حکومت سے آغاز ہو کر آصف جاہی حکومت پر ختم ہوتا ہے۔ اس طولانی سفر میں زبان فارسی کو کئی قدر داں اور کئی معراجیں نصیب ہوئیں اور حکومتوں کے عروج و زوال اور ان کی کارکردگیوں کو بھی اپنے دامن میں جگہ دی۔

کس کو علم تھا کہ جس زبان فارسی کا بیج دکن کی سرزمین پر ۱۳۴۷ میں بویا گیا تھا وہ زمانے کے حوادث اور حالات کے تھپیڑوں کو برداشت کرتے ہوئے ایک مضبوط تناور درخت کی صورت اختیار کر لیگا۔ اور دنیا طب، تاریخ، فلسفہ، خطاطی، نقاشی، علوم دینی و دنیاوی، قصیدہ، غزل اور رباعی جیسے ثمرہ سے بہرہ مند ہوگی۔

آصف جاہی حکومت میں زبان فارسی کو وہی منزلت نصیب ہوئی جو اسے بہمنی وقطب شاہی دور میں حاصل تھی زبان فارسی صرف سرکاری امور و دفاتر تک محدود نہیں تھی بلکہ عام بول چال کی زبان تھی۔ اور فارسی زبان کی اس ترقی کا سہرا بھی آصف جاہیان کے سر بندھتا ہے جنہوں نے زبان فارسی کے نشونما میں کوئی دقیقہ اٹھا نہیں رکھا تھا اس سلسلہ کے کئی بادشاہ خود شاعر و مصنف تھے جنہوں نے فارسی کی اعلیٰ خدمتیں انجام دیں جیسے نظام الملک آصف جاہ اول، میر احمد خان، میر محبوب علی خان و میر عثمان علی خان وغیرہ ۔ ان کے اشعار بہت ہی دلفریب، عمدہ، موضوع و موزون ہیں۔ آصف جاہ اول کے مجموعہ اشعار سے ایک غزل کے دو اشعار بطور مثال مندرجہ ذیل مذکور ہیں جس میں ان کی جدت طرازی ملاحظہ ہوں:

اشتیاق دیدن آن بیوفا داریم ما
گو کدورت در دلش باشد صفا داریم ما
از پناہ دیگران باشد پناہ ما قوی
ہر کس این جا کسی دارد خدا داریم ما

میر احمد خان فرزند نظام الملک متخلص بہ ناصر نے بھی اپنے والد صاحب کی پیروی کرتے ہوئے شعر و سخن میں طبع آزمائی اور عمدہ غزلیں لکھی ہیں ان کی ایک غزل کے دو شعر ملاحظہ ہوں:

سایہ لطف خدا وند بود بر سر ما
ہست اقبال خدا داد مقیم دار ما
طالع ما است ز انوار جمالت روشن
فخر بر مہر جہان تاب کند اختر ما

اس خاندان میں شعر و سخن خاندانی ورثہ کے طور پر پایا جاتا تھا تو میر عثمان علی خان کیسے پیچھے رہ جاتے انہوں نے بھی زبان فارسی میں دل کو چھو لینے والی اعلیٰ درجے کی غزلیں لکھیں جن کو پڑھنے کے بعد قارئین کو ایک عجب طرح کا لطف و سرور طاری ہوتا ہے ان کی ایک غزل سے دو شعر بطور نمونہ پیش خدمت ہیں:

تیر بیداد تو از سینہ ما می گزرد
رود خون از مژہ ہر صبح و مساء می گزرد
عمر از کیسہ ما می رود و گل از چمن
ساقیہ زود بدہ مئے کہ ہوا می گزرد

تمام آصف جاہی بادشاہ خود صاحب علم تھے اور صاحبان علم کی قدر دانی، حوصلہ افزائی اور عزت افزائی بھی کرتے تھے۔ اس دور کے شعراء و مصنفین اور دانشمندان کا نام

رہتی دنیا تک سنہرے حرفوں سے تاریخ میں لکھا جائےگا ان کی خدمات کو کبھی فراموش نہیں کیا جاسکتا جنھوں نے ہر موضوع علم میں طبع آزمائی کی اور طلاب کرام، اساتید عظام ودیگر دانشمندان علوم کے لئے ایک وسیع میدان فراہم کیا جو میدان علم کی ہر منزل پر ان کی رہنمائی کرے گا۔ اس دور کے معروف شعراء و مصنفین میں رائے کنول کشن، راجا چندو لال، مہاراجا کشن پرساد، لچھمی نرائن اورنگ آبادی، میر غلام حسین بلگرامی، شاہ تجلی ورماس کا نام پر افتخار طریقہ سے لیا جاتا ہے جن کی خدمات فارسی زبان وادب میں سنگ میل کی حیثیت رکھتی ہیں اس دور میں کثیر تعداد میں کتابیں لکھی گئیں جیسے خزانہ عامرہ، ید بیضاء، غزلان ہند، ماثر حیدری، گل رعنا، مراۃ الہند، نخلستان و چمنستان شعراء، تزک آصفیہ، تذکرہ فردوسی وطوسی وغیرہ۔ یہ ساری کتابیں تاریخ وادب کے طلاب اور ریسرچ اسکالرس کے لئے بہت مفید ہیں۔ اس دور میں لکھی گئی دو فرہنگ بھی بہت معروف ہیں پہلی فرہنگ نظام اور دوسری آصف اللغات۔

اس دور میں فارسی کے نقوش صرف زبان وکتاب ہی تک محدود نہیں رہے بلکہ در و دیوار، محل و باغات ومختلف قسم کی عمارتوں کو بھی اپنی وسعت دامنی میں جگہ دی۔ خوبصورت غزلیں، قصیدہ، رباعی، قطعات، حکایات، تاریخ و پند ونصیحت وغیرہ عمارتوں پر کندہ کی گئیں جو آج بھی زبان فارسی کی عظمت وبلندی کی نشانی اور فارسی زبان وادب سے متعلق حکومت کی محبت وکرم فرمائیوں کی نشاندہی کرتی ہے۔ آصفجاہی حکومت میں متعدد عمارتیں تعمیر کی گئیں جو نہایت ہی خوبصورت اور بے نظیر ہیں ان میں کچھ تو بالکل سادی یعنی کسی بھی زبان کا ایک بھی کتبہ کندہ نہیں ہے اور بہت سی ایسی عمارتیں ہیں جن پر فارسی، اردو وعربی زبان کے کتبے کندہ ہیں اس دور کے فارسی کتبوں کی ایک طویل فہرست ہے جو مختلف عمارتوں پہ کندہ ہیں جیسے قبر ومسجد اور کمان خوشحال خاں، مقبرۂ ماہلقا بائی، بادشاہی عاشور خانہ، مکہ مسجد، مقبرہ شمس الامراء پائگاہ، جودی مسجد۔ مقبرہ رکن الدولہ وجبلی حال وغیرہ۔

اس میں سے چند فارسی کتبوں کا ذکر بطور نمونہ کرنا چاہتا ہوں۔

مقبرہ شمس الامراء پائگاہ:

اس عمارت میں بانی پائگاہ کی قبر ہے اور اس عمارت میں دوسری بھی قبریں ہیں جن پر فارسی کتبے نقش ہیں جیسے خورشید جاہ بہادر، وقار الامراء، والدہ محی الدین خان حشمت النساء بیگم، جہان دار النساء بیگم وپسر وقار الامراء سلطان الملک وغیرہ جن کی قبور پہ شعر ونثر میں اور مختلف سبک میں خوبصورت کتبے موجود ہیں لیکن فقط شمس الامراء محمد ابوالفتح کی قبر کا کتبہ پیش خدمت ہے:

"مقبرہ حضرت جناب محمد ابوالفتح مرحوم مغفور گزرانیدہ محمد محی الدین خان خورشید جاہ بہادر ماہ محرم الحرام ۱۳۰۴"

کتبہ کی دوسری مثال مسجد جودی سے ہے جہاں عثمان علی خان نظام ہفتم اور ان کے رشتے داروں ولواحقین کی قبریں ہیں مسجد جودی کے صدر دروازے کے سامنے وعقب کے حصہ پر کندہ شدہ کتبہ کے اشعار کچھ اس طرح ہیں:

بحر ارواح صفا مسکن بہبودی بود
گفت بار یک نظر منظر مشہودی بود
نیست این بیت حزن بلکہ ریاض فردوس
گفت عثمان کہ ہمین مقبرہ جودی است

دوسرا کتبہ:

شد ز جود حضرت عثمان علی شاہ دکن
مسجد جودی و قبر معصومی در آن
هفت تاریخ بناء این مقام دل کشا
خواب گاہ شاہ زادہ سجدہ گاہ میر زبان

جیسا کہ پہلے بھی تذکرہ کیا جاچکا ہے کہ آصف جاہیان نے متعدد عمارتیں بنوائیں اوران پر فارسی اشعار ونثر کندہ کروائے اس کے علاوہ دوسرے بھی میدان علم میں فارسی کے بے نظیر تاریخی کام انجام دیئے جس سے یہ ظاہر ہوتا ہے کہ آصف جاہیان نے زبان و ادب فارسی کی ترقی کے لئے کوئی دقیقہ اٹھا نہیں رکھا تھا۔

حواشی:

۱۔ تاریخچۂ زبان فارسی در حیدرآباد دکن و وضعیت کنونی آن ابوالقاسم رادفر پژوہشگر علوم اسلامی و مطالعات فرہنگی، پرتال جامع علوم اسلامی

۲۔ تاریخ فرشتہ محمد قاسم فرشتہ، ترجمہ خواجہ عبد الحی ص ۵۷۸ چاپ المیزان ناشران وتاجران کتب سنہ اشاعت ۲۰۰۸ء لاہور پاکستان

۳۔ تذکرۂ شعرای دکن محبوب الزمن حصہ اول تالیف کردہ ابوتراب محمد عبدالجبار خان ۱۳۲۹ھ ص ۲۶۔۲۷

۴۔ نگاہی بہ تاریخ دکن، مجتبی کرمی ص ۱۱۷

۵۔ از دیوان نواب مغفرت مکان ناصر جنگ شہید طاب اللہ ثراہ، بہ اہتمام وتصحیح آقا میرزا نصر اللہ خان دولت یار جنگ بہادر المتخلص بہ فدائی بزیور طبع آراستہ گردید، آرشیو ایالت آندھرا پردیش

۶۔ ماثر دکن، علی اصغر بلگرامی ص ۳

۷۔ Landmarks of Deccan, Ali Asghar Bilgirami Pg.101

۸۔ The Deccan peninsula sanctuaryasia archived from the original on 17 Oct. 2006 Retrieved 5 Jan. 2007

۹۔ The Qutub Shahi's of Golconda Hyderabad medieval Deccan 1987 Pg. 426-427

گلزار احمد ماگرے

اردو میں نعت گوئی کا آغاز وارتقاء

مگر اب لکھ رہا ہوں سیرت پیغمبر خاتم
خدا کا شکر ہے یوں خاتمہ بالخیر ہونا تھا

نعت اس صنف سخن کو کہتے ہیں جس میں حضرت محمد ﷺ کی تعریف کی جائے۔ عربی میں نعت کا متبادل لفظ 'مدح رسول' استعمال ہوا ہے۔ حضور نبی اکرم کی ذات مبارکہ کی عظمت ورفعت کا بیان، آپؐ کے اخلاق حسنہ کا ذکر، آپؐ کے معجزات کا بیان نعت گوئی کہلاتی ہے۔ نعت کی تعریف کرتے ہوئے فرمان فتح پوری لکھتے ہیں:

''اصولاً آنحضرتؐ کی مدح سے متعلق نثر اور نظم کے ہر ٹکڑے کو نعت کہا جائے گا۔ لیکن اردو اور فاسی میں جب نعت کا لفظ استعمال ہوتا ہے تو اس سے عام طور پر آنحضرتؐ کی منظوم مدح مراد لی جاتی ہے''۔ (اردو غزل نعت اور مثنوی، ص ۲۶۶)

ڈاکٹر یونس حسنی نے نعت کی تعریف ان الفاظ میں پیش کیا ہے:

''ایسی تمام نظمیں جن میں رسول خداؐ سے محبت اور عقیدت کا اظہار کیا جائے یا اُن کے محاسن بیان کیے جائیں نعت کی تعریف میں آتی ہیں''۔ (اردو میں نعت گوئی، ص ۸)

ان دونوں مصنفوں کو مد نظر رکھ کر ممتاز حسین نے بڑے بلیغ انداز میں اس صنف کا تعارف کرایا ہے۔ انھوں نے بڑی باریک بینی سے کام لیا ہے وہ لکھتے ہیں:

''میرے نزدیک ہر وہ شعر نعت ہے جس کا تاثر ہمیں حضور نبی کریمؐ کی ذات گرامی سے قریب لائے جس میں حضورؐ کی مدح ہو یا حضورؐ سے خطاب کیا جائے۔ صحیح معنوں میں نعت وہ ہے جس میں محض پیکر نبوت کے صوری محاسن سے لگاؤ کے بجائے مقصد نبوت سے دلبستگی پائی جائے جس میں جناب رسالت مآبؐ سے صرف رسمی عقیدت کا اظہار نہ ہو بلکہ حضورؐ کی شخصیت سے ایک قلبی تعلق موجود ہو۔ وہ مدح یا خطاب بالواسطہ ہو یا بلاواسطہ اور وہ شعر نظم ہو یا غزل، قصیدہ ہو یا مثنوی، رباعی ہو یا مثلث، مخمس ہو یا مسدس، اس سے نعت کی نوعیت میں کوئی فرق نہیں پڑتا البتہ نعتیہ کلام کی معنوی قدر و قیمت کا دار و مدار اس کے نفس مضمون پر ہے۔ اگر اس کا مقصد ذات رسالتؐ کی حقیقی عظمت کو واضح کرنا اور آقائے دو جہاں کی بعثت کی جو اہمیت نوع انسانی اور جملہ موجودات کے لیے ہے اسے نمایاں کرنا ہو تو وہ صحیح طور پر نعت کہلانے کا مستحق ہے''۔ (اردو میں نعت گوئی، ص ۹)

ان اقتباسات سے صاف ظاہر ہوتا ہے کہ جو بھی بات چاہے نثر میں ہو یا نظم میں آنحضرتؐ کی مدح میں کہی جائے وہ نعت کہلاتی ہے۔ اس صنف پر جس ادیب یا شاعر نے اظہار خیال کیا ہے ان تمام نے نرم پیرایا اختیار کیا ہے۔ اس صنف کو لکھتے وقت بڑے محتاط انداز میں رہنا پڑتا ہے کیوں کہ

یہ اس ہستی کے بارے میں لب کشائی کرنی ہے جن کو اللہ تعالیٰ نے بڑے سلیقہ مندی سے پکارا ہے۔ سورہ حجرات میں اللہ تعالیٰ نے مومنوں کی طرف اشارہ کرتے ہوئے فرمایا **"یاایھاالذین امنو لا ترفعوا اصواتکم فوق صوت نبیؐ ولا تجھرو لہ بالقول کجھر بعضکم لبعض ان تحبط اعمالکم وانتم لا تشعرون'** [اے ایمان والو تم اپنی آوازیں نبی کی آواز سے بلند نہ کرو اور آپؐ سے اونچی آواز میں بات نہ کرو، جیسے تم آپس میں (بات) کرتے ہو، کہیں تمہارے اعمال برباد نہ ہو جائیں اور تمہیں خبر بھی نہ ہو۔] اس آیت مبارکہ سے صاف ظاہر ہوتا ہے کہ اللہ تعالیٰ نے مومنوں کو باخبر کیا کہ آپؐ کے سامنے جب بولنے کا موقع ملے تو آپ کی عظیم شخصیت کا خیال رکھا کرو۔ اسی لیے تمام شاعروں نے بڑی چابکدستی سے کام لیا ہے۔

نعت کے لئے شاعروں نے کوئی الگ سی ہیت استعمال نہیں کی بلکہ غزل، مثنوی، قصیدہ، رباعی کے ہیت میں ہی نعت کہے گئے لیکن ان میں زیادہ تر نعت گوئی کے لیے مثنوی کا پیرایا اختیار کیا گیا۔ عربی میں نعت گوئی کا آغاز بہت پہلے ہو چکا ہے اور آج بھی اس روایت میں آنچ نہیں آئی۔ عربی میں آپؐ کے چچا ابو طالب اور عروہ بن نوفل نے بھی آپؐ کی مدح کی ہیں۔ اللہ تعالیٰ نے قرآن مجید میں بارہا جگہوں پر آپؐ کی مدح کی ہیں۔ چند مثالیں ملاحظہ فرمائیں:

وَاِنَّکَ لَعَلیٰ خُلُقٍ عَظِیم
وَلَلْاٰخِرَۃُ خَیْرٌ لَّکَ مِنَ الْاُولیٰ
وَرَفَعْنَا لَکَ ذِکْرَکَ

عربی میں کئی نعت گو شعراء گزرے ہیں جنہوں نے آپ کی مدح میں کوئی کمی باقی نہیں رکھی لیکن ان میں سے جو مقام حسان بن ثابتؓ کو حاصل ہوا کسی اور کو نہیں ہوا۔ ان کو شاعر رسول کے نام سے موسوم کیا جاتا ہے۔ آپؐ جب نعت خوانی شروع کرتے تھے تو آپؐ ان کے لئے اپنی نورانی چادر بچھا دیتے تھے۔ حسان بن ثابتؓ کے چند مشہور اشعار ملاحظہ فرمائیں:

واحسن منک لم تر قط عینی
واجمل منک لم تلد النساء
خلقت مبرا من کل عیب
کانک قد خلقت کما تشاء

فارسی ادب میں بھی نعت خوانوں کی لمبی فہرست موجود ہے۔ ان میں سعدیؔ، فردوسیؔ، جامیؔ، رومیؔ، حافظؔ وغیرہ قابل ذکر ہیں۔ سعدی کا ایک قطعہ اتنا مشہور ہوا کہ اس کو آج بھی عموماً ہر دینی جلسے میں زبان پر لایا جاتا ہے۔ سعدی نے فارسی میں کمال حاصل کیا لیکن عربی کے ان چار مصرعوں نے ان کو دوامی بخشی ہے۔ ملاحظہ فرمائیں:

بلغ العلا بکمالہ کشف الدجے بجمالہ
حسنت جمیع خصالہ صلو علیہ والہ

حضرت شاہ ولی اللہ کے فرزند شاہ عبدالعزیز نے بھی فارسی شاعری میں نام پیدا کیا ہے۔ ان کی نعت گوئی کے چند مصرعے ملاحظہ فرمائیں:

یا صاحب الجمال و یا سیّد البشر
من وجہک المنیر لقد نور القمر
لایمکن الثناء کما کان حقہ
بعد از خدا بزرگ توئی قصہ مختصر

یہ اشعار سعدیؔ، حافظؔ، جامیؔ، قدسیؔ وغیرہ کی طرف منسوب کیے گئے لیکن ڈاکٹر فرمان فتح پوری نے یہ ثابت کر دیا ہے کہ یہ اشعار شاہ عبدالعزیز کے ہیں۔ ان چار مصرعوں میں سے کم سے کم آخری مصرعہ ہر ذی شعور مسلمان کو یاد ہے۔ یہ

مصرعہ ضرب المثل بن گیا ہے۔ جہاں کہیں بھی اللہ تعالیٰ کے حمد و ثنا کی بات ہورہی ہے وہاں اس مصرعے کو بھی دہرایا جاتا ہے۔

اردو نے کئی اصناف عربی اور فارسی سے مستعار لیے ہیں۔ان میں سے ایک نعت گوئی بھی ہے۔اردو کی مختلف اصناف کی طرح نعت گوئی کا آغاز بھی جنوبی ہند میں ہی ہوا ہے۔دکن کی پوری مثنویوں میں نعت گوئی پر ابتدائی نمونے ملتے ہیں۔اردو کے پہلے نظم گو شاعر خواجہ بندہ نواز گیسو دراز جن کو موسیقی میں کمال حاصل ہے،کی شاعری میں نعت خوانی دیکھنے کو ملتی ہے۔چند اشعار ملاحظہ فرمائیں:

اے محمدؐ تجلو جم جم جلوہ تیرا
ذات تجلی ہوگی سیں سپور نہ سیرا
واحد اپنی آپ تھا اپیں آپ نجھایا
پر کٹھ جلوے سے کارنے الف میم ہوآیا

بندہ نواز کے علاوہ میراں جی شمس العشاق، برہان الدین جانم،امین الدین علی اعلیٰ وغیرہ کے ہاں بھی نعتیہ کلام دیکھنے کو ملتے ہیں۔قطب شاہی دور نے اردو ادب کو جو بیش بہا ذخیرہ عطا کیا ہے شاید کسی اور خاندان نے دیا ہوگا۔محمد قلی قطب شاہ پہلے صاحب دیوان شاعر کہلاتے ہیں۔ان کا کلام بھی نعتیہ کلام سے مزیّن ہے۔اردو نعت کے اوّلین نمونے ان ہی کے کلیات میں ملتے ہیں۔مثال کے لئے چند اشعار:

چاند سورج روشنی پایا تمہارے نور تے
آب کوثر کے شرف تھڈے کے پانی پور تے
دیا بندے کو حق نبیؐ کا خطاب
حکم دے دیا نور جوں آفتاب

قلی قطب شاہ کے بعد ملا وجہی نے اس روایت کو آگے بڑھایا۔انہوں نے قطب مشتری میں حمد کے بعد ۲۶ اشعار کہے ہیں۔ایک دو اشعار ملاحظہ فرمائیں:

کہ چودہ ملک کا توں سلطان ہے
علیؓ سا تیرے گھر میں پردھان ہے
اسی ہور یک لاک پیغمبر آئے
ولے مرتبا کوئی تیرا نہ پائے

ملا وجہی کے علاوہ عبداللہ قطب شاہ،غواصی،ابن نشاطی وغیرہ نے قطب شاہی خاندان میں اس صنف پر طبع آزمائی کی ہے۔عادل شاہی دور میں بھی کئی نعتیہ کلام ملتے ہیں جن میں نصرتی سرفہرست ہے۔دکن کے آخری جانباز ولی اور سراج اورنگ آبادی کے یہاں بھی نعتیہ اشعار ملتے ہیں۔

شمالی ہند میں جن شاعروں نے نام حاصل کیا ہے اور شاعری کی راہ ہموار کی ان میں خاص طور پر سودا اور میر مشہور اور معروف ہیں۔ان کی کلام میں بھی نعتیہ کلام جگہ جگہ ملتے ہیں ۔سودا کا مشہور شعر ملاحظہ ہو:

ہوا جب کفر ثابت ہے وہ تمغائے مسلمانی
نہ ٹوٹی شیخ سے زنار تسبیح سلیمانی

ان کے علاوہ غالب، مصحفی،مومن وغیرہ نے بھی نعتیہ کلام کو اپنا ذخیرہ بنایا ہے۔مومن کے چند نعتیہ اشعار:

محمد سزائے ستائش گری
مدیح آفرین جس کی پیمبری
یہ کیسے فنون اس کو حاصل ہوئے
کہ سارے صحف نقشِ باطل ہوئے

اردو میں مستقل اور باضابطہ طور پر نعت گوئی کا آغاز محسن کاکوروی اور امیر مینائی سے ہوتا ہے۔ان دونوں نے نعت گوئی کو ہی اپنا منزل ٹھرایا ہے۔ان سے پہلے نعت گوئی کا رواج رسمی طور پر تھا۔یعنی شاعری میں ہر شاعر حمد وثنا کے بعد نعت کے چند اشعار کہہ کر اپنا مقصد پیش کرتا تھا لیکن ان دونوں نے نعت کو ایک صنف سخن کی حیثیت عطا کی ہے۔فرمان فتح

پوری اپنی کتاب 'اردو غزل نعت اور مثنوی' میں ان دونوں کا نقشہ اس طرح کھینچتے ہیں:

''اُردو میں نعت گوئی کا مقبول ترین اور کامیاب ترین دور حقیقتہً محسنؔ کاکوروی اور امیر مینائی سے شروع ہوتا ہے۔ دونوں قال اللہ اور قال رسولؐ کے پابند اور حُبِّ رسولؐ سے سرشار تھے۔ دونوں نے نعتیہ شاعری میں ایک بڑا ذخیرہ یادگار چھوڑا ہے۔ دونوں ہم عصر اور ہم عمر ہیں اور اُردو کے ساتھ ساتھ عربی اور فارسی پر قدرت رکھتے ہیں، دونوں نے اگر چہ ہر صنف میں نعتیں کہی ہیں لیکن دونوں کے کمال فن کا حقیقی مظاہرہ قصیدوں اور مثنویوں میں ہوا ہے۔ دونوں نے اپنے نعتیہ کلام کو یکجا کر کے خاص اہتمام سے شائع کیا ہے اور اردو میں نعتیہ شاعری کی ترتیب اور تدوین کی نئی طرح ڈالی ہے۔ اس طرح دونوں نے ہم عصر اور بعد کے آنے والے شعراء کو خاصا متاثر کیا ہے بلکہ یوں کہنا چاہیے کہ اُنیسوی صدی کے وسط سے لے کر آج تک اُردو شعراء نے نعت کے موضوع سے جس گہری دلچسپی کا اظہار کیا ہے اور جس شغف کے ساتھ اپنے کلام میں حب رسول کو جگہ دی ہے اسے اول اول بلند سطح تک پہنچانے میں محسنؔ کاکوروی اور امیر مینائی ہی کا ہاتھ رہا ہے''۔ (اردو غزل نعت اور مثنوی، ص ۳۰۰)

اگر چہ دونوں نے نعتیہ کلام کا بیش بہا ذخیرہ چھوڑا ہے لیکن دونوں کا موازنہ کر کے محسنؔ کاکوروی کا پلڑا ہی بھاری نظر آتا ہے۔ امیر مینائی نے پہلے محسنؔ سے ملاقات کا شرف حاصل کیا بعد میں نعت گوئی کی طرف متوجہ ہوئے۔ محسنؔ کاکوروی چونکہ عمر میں تین چار سال بڑے ہیں اس مناسبت سے پہلے ان کی نعت گوئی پر ہی روشنی ڈالی جائے۔

محسنؔ کاکوروی 1825ء میں پیدا ہوئے اور 1905ء میں اس دارفانی کو خیرباد کہا ہے۔ اُردو کے جتنے شعراء آج تک گزرے ہیں ان میں محسنؔ پہلے شاعر ہیں جنھوں نے نعت گوئی کا راستہ بڑی چابکدستی کے ساتھ اختیار کیا ہے۔ محسن نے ہر صنف میں اپنا لوہا آزمایا ہے اور نعتیہ کلام کے لیے ہر صنف مثلاً قصیدہ، رباعی، غزل اور مثنوی کو اختیار کیا ہے۔ لیکن بعد میں قصیدہ اور مثنوی کا پیرایا ہی باضابطہ طور پر اختیار کیا ہے۔ ان کو نعت گوئی کا شوق بچپن سے ہی تھا۔ انھوں نے نعت گوئی کی وہ تاریخ رقم کی ہے جو اس سے پہلے اور نہ اس کے بعد کہیں نظر نہیں آتی ہے۔

محسنؔ کے پانچ مجموعہ کلام منظر عام پر آچکے ہیں جن میں ''گلدست رحمت''، ''مدیح خیرالمرسلین''، ''نظم دل افروز''، ''انیس آخرت'' اور ''ابیات نعت'' قابل ذکر ہیں۔ ان کا پہلا نعتیہ کلام جو بعد میں ''گلدست رحمت'' میں شائع ہوا ملاحظہ فرمائیں:

پھر بہار آئی کہ ہونے لگے سحرا گلشن
غنچہ ہے نام خدا نافۂ آہوئے ختن

نظم دل افروز میں ایک جگہ رقمطراز ہیں:

ہے منزل اک مہِ کنعاں کی قلبِ زار دمضطر میں
یہ مہمان عزیز اُترا ہے کس اُجڑے ہوئے گھر میں

انیس آخرت میں لب کشائی کرتے ہوئے:

ازل سے عشق حُسنِ بے نشاں کے روئے تاباں کا
لئے صد فتنۂ محشر ہوا مہمان دل و جان کا

ان سب قصیدوں سے محسنؔ کی قادرالکلامی اور آنحضرتؐ سے ان کی والہانہ محبت کا ثبوت ملتا ہے۔ لیکن ان کے کمال فن کا حقیقی مظاہرہ اور شہرۂ فی الواقع ''مدیح خیرالمرسلین''

کے سبب ہوا۔ محسن کا یہ نعتیہ قصیدہ اردو میں اپنی نوع کی بالکل نئی چیز ہے۔

امیر مینائی 1829ء کو لکھنو میں پیدا ہوئے اور 1900ء کو اس دنیا سے رخصت ہوئے۔ امیر مینائی کی پیدائش جس گھر میں ہوئی تھی وہاں دینی ماحول دیکھنے کو ملتا تھا۔ انہوں نے چشتیہ صابریہ کے امیر شاہ کے ہاتھ پر بیعت کی تھی۔ ان کی طبعیت اور کلام میں تصوف، زہد، عشق، دین داری کا عکس نظر آرہا ہے شاید ان ہی پہلوؤں نے ان کو نعت گوئی کی طرف مائل کیا ہے۔

امیر مینائی نے شاعری میں بہت ساری اصناف میں طبع آزمائی کی ہے۔ نعت گوئی کا لوہا انہوں نے ہر صنف مثلاً غزل، قصیدہ، رباعی، مثنوی وغیرہ میں آزمایا ہے۔ ان کی تصانیف میں "محامد خاتم النبیینؐ"، "مثنوی نور تجلی و ابر کرم"، "نعتیہ مسدس صبح ازل"، "شام ابد"، "لیلۃ القدر" اور "انبیأ نعت" سے متعلق ہیں۔

1857ء کے غدر کے بعد امیر مینائی نے نعت گوئی کو اچھے ڈھنگ سے اپنایا ہے۔ اس سے پہلے بھی ان کے کلام میں نعتیہ اشعار ملتے تھے لیکن غدر کے بعد مستقل طور پر نعت لکھنے کے عاشق ہوگئے۔ امیر مینائی نے رسمی طور پر نعت گوئی نہیں اپنائی بلکہ انہوں نے نعت گوئی کی طرف بطور خاص توجہ فرمائی اور اس کو مستقل صنف سخن کا آغاز عطا کیا ہے۔ اب ان کے نعتیہ کلام کے چند اشعار کی طرف متوجہ ہوں۔ "محامد خاتم النبیینؐ" میں ایک جگہ لکھتے ہیں:

مژدہ اے امت کہ ختم المرسلینؐ پیدا ہوا
انتخاب صبح عالم آفرین پیدا ہوا
نور جس کا قبل خلقت تھا ہوا اس کا ظہور
رحمت آئی رحمت اللعالمین پیدا ہوا

زہے رحمت کہ ختم انبیأ کی آمد آمد
حبیب خاص محبوب خدا کی آمد آمد
زمانہ تیرہ و تاریک تھا اب روشنی ہوگئی
مٹی گی ظلمتیں شمع ہدا کی آمد آمد

اردو شاعری میں معراج کا ذکر کئی جگہوں پر ملتا ہے۔ ہر کسی نے معراج کے واقعے کو محبت کے رنگ میں رنگنے کی کوشش کی ہے۔ امیر مینائی نے بھی اس واقعہ کا ذکر ان الفاظ میں کیا ہے:

گرم حضرتؐ کا یہ بازار تھا معراج کی شب
کہ خدا آپ خریدار تھا معراج کی شب

کس کے آنے کی فلک پر ہے خبر آج کی رات
آنکھ سورج سے ملاتا ہے قمر آج کی رات
اللہ نے خلوت میں بلایا شب معراج
کیا رتبہ محبوب بڑھایا شب معراج

مولانا الطاف حسین حالی کا مشہور نعتیہ کلام پیش کرنا ضروری سمجھتا ہوں جس کلام کو آج بھی شہرت حاصل ہے اور لگ بھگ ہر مسلمان ان اشعار کو دینی مجلسوں میں دہرایا کرتے ہیں۔ نعتیہ اشعار ملاحظہ فرمائیں:

وہ نبیوں میں رحمت لقب پانے والا
مرادیں غریبوں کی بھر لانے والا
مصیبت میں غیروں کے کام آنے والا
وہ اپنے پرائے کا غم کھانے والا

اس کے بعد نعت گوئی میں اکبرالہ آبادی، اقبال، اور موجودہ دور کے شعراء نے بھی اپنا لوہا آزمایا۔ لیکن نعت گوئی میں جو شہرت محسن کاکوروی اور امیر مینائی کو حاصل ہوئی کسی اور کو نہیں ہوئی۔